叢書

《蘇州全書》編纂出版委員會 編

·祝子罪知録

蘇州全書

甲編

古吳軒出版社
蘇州大學出版社

圖書在版編目(CIP)數據

祝子罪知録 / (明) 祝允明撰 . -- 蘇州 : 古吴軒出版社 : 蘇州大學出版社 , 2024. 12. -- (蘇州全書).
ISBN 978-7-5546-2468-5

Ⅰ. Z429.48

中國國家版本館 CIP 數據核字第 2024S3U899 號

責任編輯 戴玉婷
助理編輯 王霽鈺
裝幀設計 周 晨 李 璇
責任校對 張雨蕊
助理校對 周 磊

書　　名 祝子罪知録
撰　　者 〔明〕祝允明
出版發行 古吴軒出版社
地址：蘇州市八達街118號蘇州新聞大厦30F　電話：0512-65233679
蘇州大學出版社
地址：蘇州市十梓街1號　電話：0512-67480030
印　　刷 常州市金壇古籍印刷廠有限公司
開　　本 889 × 1194　1/16
印　　張 39
版　　次 2024 年 12 月第 1 版
印　　次 2024 年 12 月第 1 次印刷
書　　號 ISBN 978-7-5546-2468-5
定　　價 260.00 元

《蘇州全書》編纂工程

總主編

劉小濤　吴慶文

學術顧問

（按姓名筆畫爲序）

王　芳　王　宏　王　堯　王　鍔　王紅蕾　王華寶　王爲松　王衛平
王餘光　王鍾陵　朱棟霖　朱誠如　任　平　全　勤　江慶柏　江澄波
汝　信　阮儀三　杜澤遜　李　捷　吴　格　吴永發　何建明　言恭達
沈坤榮　沈燮元　武秀成　范小青　范金民　茅家琦　周　秦　周少川
周國林　周勛初　周新國　胡可先　胡曉明　姜　濤　姜小青　韋　力
姚伯岳　馬亞中　袁行霈　華人德　莫礪鋒　徐　俊　徐　海　徐　雁
徐惠泉　徐興無　唐力行　陸振嶽　陸儉明　陳子善　陳正宏　陳尚君
陳紅彦　陳廣宏　黄愛平　黄顯功　崔之清　張乃格　張志清　張伯偉
張海鵬　葉繼元　葛劍雄　單霽翔　程章燦　程毅中　喬治忠　鄔書林
賀雲翱　詹福瑞　趙生群　廖可斌　熊月之　樊和平　劉　石　劉躍進
閻曉宏　錢小萍　戴　逸　韓天衡　嚴佐之　顧　薌

《蘇州全書》編纂出版委員會

主　任　金　潔　查穎冬

副主任　黃錫明　吳晨潮　王國平　羅時進

編　委（按姓名筆畫爲序）

丁成明　王　煒　王　寧　王忠良　王偉林　王稼句　王樂飛　尤建豐
卞浩宇　田芝健　朱　江　朱光磊　朱從兵　李　忠　李　軍　李　峰
李志軍　吳建華　吳恩培　余同元　沈　鳴　沈慧瑛　周　曉　周生杰
查　焱　洪　曄　袁小良　徐紅霞　卿朝暉　高　峰　凌郁之　陳　潔
陳大亮　陳其弟　陳衛兵　陳興昌　孫　寬　孫中旺　黃啟兵　黃鴻山
接　曄　曹　煒　曹培根　張蓓蓓　程水龍　湯哲聲　蔡曉榮　臧知非
管傲新　齊向英　歐陽八四　錢萬里　戴　丹　謝曉婷　鐵愛花

前言

中華文明源遠流長，文獻典籍浩如烟海。這些世代累積傳承的文獻典籍，是中華民族生生不息的文脉和根基。蘇州作爲首批國家歷史文化名城，素有『人間天堂』之美譽。自古以來，這裏的人民憑藉勤勞和才智，創造了極爲豐厚的物質財富和精神文化財富，使蘇州不僅成爲令人嚮往的『魚米之鄉』，更是實至名歸的『文獻之邦』，爲中華文明的傳承和發展作出了重要貢獻。

蘇州被稱爲『文獻之邦』由來已久，早在南宋時期，就有『吳門文獻之邦』的記載。宋代朱熹云：『文，典籍也；獻，賢也。』蘇州文獻之邦的地位，是歷代先賢積學修養、劬勤著述的結果。明人歸有光《送王汝康會試序》云：『吳爲人材淵藪，文字之盛，甲於天下。』朱希周《長洲縣重修儒學記》亦云：『吳中素稱文獻之邦，蓋子游之遺風在焉，士之嚮學，固其所也。』《江蘇藝文志·蘇州卷》收録自先秦至民國蘇州作者一萬餘人，著述達三萬二千餘種，均占江蘇全省三分之一强。古往今來，蘇州曾引來無數文人墨客駐足流連，留下了大量與蘇州相關的文獻。時至今日，蘇州仍有約百萬册的古籍留存，入選『國家珍貴古籍名録』的善本已達三百一十九種，位居全國同類城市前列。其中的蘇州鄉邦文獻，歷宋元明清，涵經史子集，寫本刻本，交相輝映。此外，散見於海内外公私藏家的蘇州文獻更是不可勝數。它們載録了數千年傳統文化的精華，也見證了蘇州曾經作爲中國文化中心城市的輝煌。

蘇州文獻之盛得益於崇文重教的社會風尚。春秋時代，常熟人言偃就北上問學，成爲孔子唯一的南方弟子。歸來之後，言偃講學授道，文開吳會，道啓東南，被後人尊爲『南方夫子』。西漢時期，蘇州人朱買臣負薪讀書，穹窿山中至今留有其『讀書臺』遺迹。兩晉六朝，以『顧陸朱張』爲代表的吳郡四姓涌現出大批文士，在不少學科領域都貢獻卓著。及至隋唐，蘇州大儒輩出，《隋書·儒林傳》十四人入傳，其中籍貫吳郡者二人；《舊唐書·儒學傳》三十四人入正傳，其中籍貫吳郡（蘇州）者五人。文風之盛可見一斑。北宋時期，范仲淹在家鄉蘇州首創州學，並延名師胡瑗等人教授生徒，此後縣學、書院、社學、義學等不斷興建，蘇州文化教育日益發展。故明人徐有貞云：『論者謂吾蘇也，郡甲天下之郡，學甲天下之學，人才甲天下之人才，偉哉！』在科舉考試方面，蘇州以鼎甲萃集爲世人矚目，清初汪琬曾自豪地將狀元稱爲蘇州的土產之一，有清一代蘇州狀元多達二十六位，占全國的近四分之一，由此而被譽爲『狀元之鄉』。近現代以來，蘇州在全國較早開辦新學，發展現代教育，涌現出顧頡剛、葉聖陶、費孝通等一批大師巨匠。中華人民共和國成立後，社會主義文化教育事業蓬勃發展，蘇州英才輩出、人文昌盛，文獻著述之富更勝於前。

蘇州文獻之盛受益於藏書文化的發達。蘇州藏書之風舉世聞名，千百年來盛行不衰，具有傳承歷史長、收藏品質高、學術貢獻大的特點，無論是卷帙浩繁的圖書還是各具特色的藏書樓，以及延綿不絕的藏書傳統，都成爲中華文化重要的組成部分。據統計，蘇州歷代藏書家的總數，高居全國城市之首。南朝時期，蘇州就出現了藏書家陸澄，藏書多達萬餘卷。明清兩代，蘇州藏書鼎盛，絳雲樓、汲古閣、傳是樓、百宋一廛、藝芸書舍、鐵琴銅劍樓、過雲樓等藏書樓譽滿海内外，彙聚了大量的珍貴文獻，對古代典籍的收藏保護厥功至偉，亦於文獻校勘、整理裨益甚巨。《舊唐書》自宋至明四百多年間已難以考覓，直至明嘉靖十七年（一五三八），聞人詮在蘇州爲官，搜討舊籍，方從吳縣王延喆家得《舊唐書》『紀』和『志』部分，從長洲張汴家得《舊唐書》『列傳』部分，『遺籍俱出宋時模板，旬月之間，二美璧合』，于是在蘇州府學中槧刊，《舊唐書》自此得以彙而成帙，復行於世。清代嘉道年間，蘇州黄丕烈和顧廣圻均爲當時藏書名家，且善校書，『黄跋顧校』在中國文獻史上影響深遠。

蘇州文獻之盛也獲益於刻書業的繁榮。蘇州是我國刻書業的發祥地之一，早在宋代，蘇州的刻書業已經發展到了相當高的水平，至今流傳的杜甫、李白、韋應物等文學大家的詩文集均以宋代蘇州官刻本爲祖本。宋元之際，蘇州磧砂延聖院還主持刊刻了中國佛教史上著名的《磧砂藏》。明清時期，蘇州成爲全國的刻書中心，所刻典籍以精善享譽四海，明人胡應麟有言：『凡刻之地有三，吴也、越也、閩也。』他認爲『其精，吴爲最』，『其直重，吴爲最』。又云：『余所見當今刻本，蘇常爲上，金陵次之，杭又次之。』清人金埴論及刻書，仍以胡氏所言三地爲主，則謂『吴門爲上，西泠次之，白門爲下』。明代私家刻書最多的汲古閣、清代坊間刻書最多的掃葉山房均爲蘇州人創辦，晚清時期頗有影響的江蘇官書局也設於蘇州。據清人朱彝尊記述，汲古閣主人毛晉『力搜秘册，經史而外，百家九流，下至傳奇小説，廣爲鏤版，由是毛氏鋟本走天下』。由於書坊衆多，蘇州還産生了書坊業的行會組織崇德公所。明清時期，蘇州刻書數量龐大，品質最優，裝幀最爲精良，爲世所公認，國内其他地區不少刊本也都冠以『姑蘇原本』，其傳播遠及海外。

蘇州傳世文獻既積澱着深厚的歷史文化底藴，又具有穿越時空的永恒魅力。從范仲淹的『先天下之憂而憂，後天下之樂而樂』，到顧炎武的『天下興亡，匹夫有責』，這種胸懷天下的家國情懷，早已成爲中華民族精神的重要組成部分，傳世留芳，激勵後人。南朝顧野王的《玉篇》，隋唐陸德明的《經典釋文》、陸淳的《春秋集傳纂例》等均以實證明辨著稱，對後世影響深遠。明清時期，馮夢龍的《喻世明言》《警世通言》《醒世恒言》，在中國文學史上掀起市民文學的熱潮，具有開創之功。吴有性的《温疫論》、葉桂的《温熱論》，開温病學研究之先河。蘇州文獻中蘊含的求真求實的嚴謹學風、勇開風氣之先的創新精神，已經成爲一種文化基因，融入了蘇州城市的血脉。不少蘇州文獻仍具有鮮明的現實意義。明代費信的《星槎勝覽》，是記載歷史上中國和海上絲綢之路相關國家交往的重要文獻。鄭若曾的《籌海圖編》和徐葆光的《中山傳信録》，爲釣魚島及其附屬島嶼屬於中國固有領土提供了有力證據。魏良輔的《南詞引正》、嚴澂的《松絃館琴譜》、計成的《園冶》，分别是崑曲、古琴及園林營造的標志性成果，這些藝術形式如今得以名列世界文化遺産，與上述名著的嘉惠滋養密不可分。

維桑與梓，必恭敬止；文獻流傳，後生之責。蘇州先賢向有重視鄉邦文獻整理保護的傳統。方志編修方面，范成大《吴郡志》爲方志創體，其後名志迭出，蘇州府縣志、鄉鎮志、山水志、寺觀志、人物志等數量龐大，構成相對完備的志書系統。地方總集方面，南宋鄭虎臣輯《吴都文粹》、明錢穀輯《吴都文粹續集》、清顧沅輯《吴郡文編》先後相繼，收羅宏富，皇皇可觀。常熟、太倉、崑山、吴江諸邑，周莊、支塘、木瀆、甪直、沙溪、平望、盛澤等鎮，均有地方總集之編。及至近現代，丁祖蔭彙輯《虞山叢刻》《虞陽説苑》，柳亞子等組織『吴江文獻保存會』，爲搜集鄉邦文獻不遺餘力。江蘇省立蘇州圖書館於一九三七年二月舉行的『吴中文獻展覽會』規模空前，展品達四千多件，並彙編出版吴中文獻叢書。然而，由於時代滄桑，圖書保藏不易，蘇州鄉邦文獻中『有目無書』者不在少數。同時，囿於多重因素，蘇州尚未開展過整體性、系統性的文獻整理編纂工作，許多文獻典籍仍處於塵封或散落狀態，没有得到應有的保護與利用，不免令人引以爲憾。

進入新時代，黨和國家大力推動中華優秀傳統文化的創造性轉化和創新性發展。習近平總書記强調，要讓收藏在博物館裏的文物、陳列在廣闊大地上的遺産、書寫在古籍裏的文字都活起來。二〇二二年四月，中共中央辦公廳、國務院辦公廳印發《關於推進新時代古籍工作的意見》，確定了新時代古籍工作的目標方向和主要任務，其中明確要求『加强傳世文獻系統性整理出版』。盛世修典，賡續文脉，蘇州文獻典籍整理編纂正逢其時。二〇二二年七月，中共蘇州市委、蘇州市人民政府作出編纂《蘇州全書》的重大決策，擬通過持續不斷努力，全面系統整理蘇州傳世典籍，着力開拓研究江南歷史文化，編纂出版大型文獻叢書，同步建設全文數據庫及共享平臺，將其打造爲彰顯蘇州優秀傳統文化精神的新陣地，傳承蘇州文明的新標識，展示蘇州形象的新窗口。

『睹喬木而思故家，考文獻而愛舊邦。』編纂出版《蘇州全書》，是蘇州前所未有的大規模文獻整理工程，是不負先賢、澤惠後世的文化盛事。希望藉此系統保存蘇州歷史記憶，讓散落在海内外的蘇州文獻得到挖掘利用，讓珍稀典籍化身千百，成爲認識和瞭解蘇州發展變遷的津梁，並使其中藴含的積極精神得到傳承弘揚。

觀照歷史，明鑒未來。我們沿着來自歷史的川流，承荷各方的期待，自應負起使命，砥礪前行，至誠奉獻，讓文化薪火代代相傳，並在守正創新中發揚光大，爲推進文化自信自强、豐富中國式現代化文化内涵貢獻蘇州力量。

《蘇州全書》編纂出版委員會

二〇二二年十二月

凡例

一、《蘇州全書》（以下簡稱『全書』）旨在全面系統收集整理和保護利用蘇州地方文獻典籍，傳播弘揚蘇州歷史文化，推動中華優秀傳統文化傳承發展。

二、全書收録文獻地域範圍依據蘇州市現有行政區劃，包含蘇州市各區及張家港市、常熟市、太倉市、崑山市。

三、全書着重收録歷代蘇州籍作者的代表性著述，同時適當收録流寓蘇州的人物著述，以及其他以蘇州爲研究對象的專門著述。

四、全書按收録文獻内容分甲、乙、丙三編。每編酌分細類，按類編排。

（一）甲編收録一九一一年及以前的著述。一九一二年至一九四九年間具有傳統裝幀形式的文獻，亦收入此編。按經、史、子、集四部分類編排。

（二）乙編收録一九一二年至二〇二一年間的著述。按哲學社會科學、自然科學、綜合三類編排。

（三）丙編收録就蘇州特定選題而研究編著的原創書籍。按專題研究、文獻輯編、書目整理三類編排。

五、全書出版形式分影印、排印兩種。甲編書籍全部采用繁體竪排；乙編影印類書籍，字體版式與原書一致；乙編排印類書籍和丙編書籍，均采用簡體横排。

六、全書影印文獻每種均撰寫提要或出版説明一篇，介紹作者生平、文獻内容、版本源流、文獻價值等情況。影印底本原有批校、題跋、印鑒等，均予保留。底本有漫漶不清或缺頁者，酌情予以配補。

七、全書所收文獻根據篇幅編排分册，篇幅適中者單獨成册，篇幅較大者分爲序號相連的若干册，篇幅較小者按類型相近原則數種合編一册。數種文獻合編一册以及一種文獻分成若干册的，頁碼均連排。各册按所在各編下屬細類及全書編目順序編排序號。

祝子罪知録

〔明〕祝允明 撰

據上海圖書館藏明萬曆刻本影印。

提要

《祝子罪知録》十卷，明祝允明撰。

祝允明（一四六一—一五二七），字希哲，因右手多一指，故自號枝山、枝指生、支指生等。明長洲人。五歲能作徑尺大字，九歲能詩。弘治五年（一四九二）舉人，舉進士不第，任廣東興寧知縣，有政聲。遷應天府通判，故世稱祝京兆。未幾歸鄉，後五年而卒。允明文思敏捷，放逸不羈，與唐寅、文徵明、徐禎卿號『吳中四才子』。書法冠絶當世，兼擅衆體，尤精楷、草，王世貞以爲『天下法書歸吾吳，而祝京兆允明爲最』。著有《祝氏集略》《成化間蘇材小纂》等。

《祝子罪知録》始作於正德末年，成書於嘉靖初，共十卷。書前有王世貞序、文徵明題識及祝氏自序，卷一至卷五論人物，卷六、卷七論佛家，卷八、卷九論六經及詩文，卷十論神鬼妖怪。此書論歷史人事之是非，以舉、刺、説、演、系五種方式分析闡發，並援引前人論説。論聖賢，認爲商湯、周武王非聖人，孟子乃『縱横者流，不可謂賢人』，莊子乃孔子以下第一人。於詩文，則尊李白抑杜甫，謂『詩死於宋』『文極乎六經而底乎唐』，韓、柳、歐、蘇、曾、王不得稱文章六大家。談史事，以趙匡胤爲篡國亂賊，認爲趙匡義係弑兄篡位，揭出前代史家護短曲飾之處。其書力黜程朱理学，認爲程頤、朱熹僅當時賢人，後人揄揚太過。又深惡道學之僞，告誡學道者『毋作聖賢天地時世之羞，適以欺己罔人，併累程朱之真，而實獲罪於天』。書中持論，勇於質疑臧否，略無避忌，時或流於矯激，《四庫全書總目》引王弘撰語，貶此書『皆剿襲前人之説而變本加厲』。其説於李贄、屠隆等有導夫先路之功，可覘一時之風氣。

《祝子罪知録》十卷本初刻於明萬曆年間，另有明鈔本傳世，今藏天一閣。《四庫全書總目》著録有七卷本，館臣疑爲書賈改竄，今未見傳世。

本次影印以上海圖書館藏明萬曆刻本爲底本，原書框高二〇・八厘米，廣十三厘米，卷八第二十二葉缺，以中國國家圖書館藏本配補。有『王鳴盛印』『杭州葉氏藏書』諸印，書後有丁國鈞題跋。

祝子罪知錄序

王子曰是非之變若棼絲然有一人之是非有一事之是非有片言可折之是非有千古不決之是非後之君子宜柰何亡存其迹而已矣曷爲存其迹曰有案矣曰有斷矣則未知

其是〻而非〻也與其所以取是非者的然而無萬一訛也信傳信疑傳疑一人不以一事蒙一事不以一人廢開眼累于片言竄蔑餘于千古好而知其惡惡而知其美殆庶幾焉若曰同不是以標勝姑以異為奇其不

然其不然倒道而言君子弗言也要使束脩之儒顧影自畏善雖小而務聚懸雖細而必揹則君子表微之功於斯為大或曰尚文戮華士而周公咎之頷田攫釜而孔子疑聖哲相信之素自擊之事而猶爾爾又况其給

如者寧安用存雖然天下而無是非
可也天下而有是非也者與其過而
亡寧過而存磨鑑考衡搒遐剔幽
小人恐矣君子則否夫然則知我罪
我奚恤焉視子所爲綜是非之案
斷而命曰罪知者豈如此

文待詔先生嘗与余言是書足千古不可湮廢余無從索閲偶養痾弇園友人持京兆公手筆与其長君方伯公親録副本得遍觀之其間上下今昔闡揚幽隱卓然是非之宗匠也余喜其不与世没也爲書簡首而

吳[illegible]錄序

德就之

萬曆壬申二月日

瑯琊王世貞

題祝子罪知二十二韻

祝子挺實甚峯剌林自偭恚攸耳

耳者東鄰混嫉姆或以覆扱隱蔚

臭羊不馥亦有吠非主尭漉為倒

顛直道猶兩鉤一窗長憎壁鄉

孔魯中吏職史空如椽乃叢光

一

明藏陳事日蓋鮮踐劉偽忠孝
旌揚真聖賢玉碎價且石豈貴
風礫金朽骨不可肉寒膛各垂泉
追觀載籍博稽前代偉偉煌煌質
彫文匯在齒頰盈兩袖緬六氣衆
妙澄九淵染毫風雨玉楊子應

無云嗟哉詩死宋下以三百篇憂
心惋以懍元韻孤青蓮鬼神泐
有無陰陽自糾纏是獨無古今
沸說皆枝駢念莅印方東暉並
日月懸句入离儒口騶語好惡
從余弱鐘奇癖不謂魏一人堅胡

二

菌與蟪蛄兩庸知大年
壬午秋杪同枝山先生宿石湖
僧舍漏二鼓見先生手持一
卷晨起索閱先生曰此予纂
集前聞品第昔人名罪知錄
蓋三年於茲矣因是得細閱

之與性甫為頌聲錯湯賦鄙
詞竟忘醜陋徵明謹識

三

祝子罪知録自序

敘曰允明異夫近代學士辨之弗明輒措安之往往視古人臧否事爲應趨背勸懲每至朱紫易采土炭倒衡非盡由其不思抑黨同比周迷棄本情怵勢以乏勇也于是素所研攬好惡必察平心反覆羣而不黨姣醜旣辯予奪較然其間慕善若懿親疾姦猶至仇烝民秉彝迥鑒卽得何必强抑皇畀偏逐時情者哉然以爲至當無二未决諸否期就有道積久弗露今焉日月逝矣河清幾時一日翩然取一二大者發

列之命曰罪知或有往昔譏評懸符鄙見同心之言其臭如蘭亦頗條撮梗系而輔之然斯本自心師非勞旁啟故時復爾弗藉繁援又如朝章風草理絕從違世務蒿目談非容易不忌言者具在通雜二篇余有子通子雜二書兹亦不及噫嘻是耶非耶我不敢知蓋宇宙茫茫終歸腐亡聊自信以行志無論知不知毀譽禍福雖然將怒罵者滔滔焉亦聽之而已矣

祝子罪知錄自序　畢

祝子罪知録

發凡

舉　是是

刺　非非

説　原是非之故

演　布反覆之情

系　述古作以證斯文

補二事知錄

之一

祝子罪知錄目錄

刺趙匡義

卷三

刺今世孑奪多誤

孑夷齊

孑武庚

孑管蔡

奪管夷吾

孑莊子

孑陳湯甘延壽

范希文　司馬君實

著而不揚

柅迹不原

李陵　宇文虛中

曲陷不聞

盧多遜

卷五

刺趙普

刺王安石

刺韓柳歐蘇四大家又刺益曾鞏王安石作六
家者甚謬誤人

卷九

舉詩各有所至
刺詩不可以杜甫爲冠
舉李白唐詩之首
刺詩死於宋

卷十

刺無神鬼怪妖并述異事異物

舉小道可用不必泥果術實有不可爲

祝子罪知録目録終

廿一

祝子罪知錄卷一

吳　祝允明希哲纂
王世貞元美校
楚　陳以聞無異閲

舉曰或請于　國家宜廟宓犧炎黄與孔子偕祀

説曰凡民既富方穀故庶富而後教何獨遺初功者

系曰先代亦郡縣通祠三皇乃專于醫亦非

刺曰湯武非聖人

說曰臣不得放弑亂君子不得放弑頑父萬物不得傾易可憾之天地

演曰夫子書述誓誥武成存其迹也伯禽秦穆亦存焉安必盡聖乎亦非以殷後姬臣而稱存之書聖賢言事皆錄者它日亦未始專稱二君聖二君固賢者過之者也

又曰二君曷不聖事不唐虞夏后類也惡乎賢賢于劉邦李世民也迹無殊爾德賢之也以迹則莽溫等爾而劉李且以賢過莽溫諸盜況二君耶如

以功則劉李亦何歉于二君耶

又曰孟軻言武王誅一夫紂不爲弑君夫春秋無將矧躬殪而攘之乎無將誅一夫義不並立軻果弗畔仲尼耶或以二君弗伐亦大公耳果若爲公癸辛既亡胡不取文命之屬若武庚微箕輩爲之乎或又謂微箕雖賢餘固中人固皆弗二君若也弗已若也不之立而自立公也又不然癸辛之前其君固尤弗二君若也二君生是時則固亦不放弑之矣今也癸辛既亡民弗罪伐已矣餘子猶其

未亡之前何不可立而存其世也舍而自立是本
意不在弔伐與果在弔伐曷爲以義舉而不以義
終之與反復參察未知攸處或又曰此責二君過
欲全也弔伐既訖使復繼絕固曰全善然若秉公
自立惡亡善與民受其賜倓然安之而無怨尤焉
亦可爲已夫若是者固爲之即劉李之爲也今以
二君同科劉李少爲過之固宜病其作偏亂天人
大綱翻以聖稱則惡乎可
系曰約期于牧分禱上下王食無疆王一不食言歷

赦定宗周書武寤解孔晁注言當赦其罪人定其宗主不食言也今按武竟斬紂祿父封而不立曷爲赦定不食言乎

又曰周車三百五十乘陳于牧野帝辛從武王使尚父與伯夫致師辛登廩臺自燔于火武王乃手大白以麾諸侯諸侯畢拜遂揖之武王先入適王所乃剋射之三發而後下車而擊之以輕呂斬之以黃鉞折懸之大白適二女之所及既縊王又射之三發乃右擊之以輕呂斬之以玄鉞懸諸小白同克殷解史記畧同

又曰武王遂征四方凡九十有九馘魔億有十萬七千七百七十有九俘人三億萬有二百三十武王在祀大師負商王受懸首白旂妻二首赤旂乃以先馘入燎于周廟凡武王俘商舊玉億有百萬同世俘解○按武既以弔伐爲主受既死曷爲必戮其軀既以至仁伐至不仁又何俘馘之多至是昔人固嘗疑之然謂過語則或爾非不血刃也書固已云血流漂杵若荀卿及後儒皆謂殺者商人自攻其說不然辨者皆見于後文

又曰上帝弗顯乃命朕文考曰殪商之多罪紂同商誓解○按武王毎稱上帝上帝有言乎子曰天何言哉孟軻謂天不言以行與事示之然則懷逆者

皆得引天以肆已喙矣

又曰湯將放桀中野士民致于桀曰以薄之君濟民之賊何必君更同殷祝解孔注士民言欲與桀徙避湯○按此言是桀衆亦不必皆欲從湯

又曰武王克商遷九鼎于洛邑義士猶或非之臧哀伯

又曰湯將伐桀因卞隨而謀卞隨曰非吾事也湯曰孰可曰吾不知也湯又因瞀光而謀瞀光曰非吾事也湯曰孰可曰非吾所知也湯遂與伊尹謀

伐桀克之以讓卞隨卞隨辭曰后之伐桀也謀乎我必以我爲賊也勝桀而讓我必以我爲貪也吾生乎亂世而無道之人再來漫我以辱行吾不忍數聞也乃自投稠水而死湯又讓瞀光瞀光辭曰廢上非義也殺民非仁也人犯其難我享其利非廉也吾聞之曰非其義者不受其祿無道之世不踐其土况尊我乎吾不忍久見也乃負石而自沉于廬水　莊子

又曰湯放其主武王殺紂自是之後以强凌弱以

衆暴寡湯武以來皆亂人之徒也同

又曰湯放其主武王伐紂世之所高也皆以利惑

其眞而强反其情性其行乃甚可羞也同

又曰湯武爭而王同

又曰湯武逆而以順守之陸賈

又曰黄生曰湯武非受命乃殺也轅固曰桀紂荒

亂湯武因天下之心而誅桀紂桀紂之民弗爲使

而歸湯非受命而何黄生曰冠雖敝必加于首履

雖新必貫于足何者上下之分也今桀紂雖失道

然君上也湯武雖聖臣下也人主有失行臣不正言匡過以尊天子反因過而誅之代立南面非殺而何固曰必若云是高皇帝代秦卽天子位非耶于是景帝曰食肉毋食馬肝未爲不知味也漢書○按此景以固理屈而黃生言妨漢家故云此以止之

又曰世稱紂力能索鐵伸鈎又稱武王伐之兵不血刃夫以索鐵伸鈎之力當人則是孟賁夏育之匹也以不血刃之德取人則是三皇五帝之屬也以索鐵之力不宜受服以不血刃之德不宜頼兵

今稱紂力則武王德貶譽武王則紂力少索鐵不血刄不得兩立殷周之稱不得兩全則必一非孔子曰紂之不善不若是之甚也是以君子惡居下流天下之惡皆歸焉孟子曰吾于武城取二三策耳以至仁伐至不仁如何其血之流杵也若孔子言殆沮浮杵若孟子之言近不血刄浮杵過其實不血刄亦失其正一聖一賢共論一紂輕重殊稱多少異實紂之惡不若王莽紂殺比干莽鴆平帝紂以嗣位莽盜漢位殺主隆于誅臣嗣立順于盜

位士衆所畔宜甚于紂漢誅王莽兵頓昆陽死者萬數兵至漸臺血流沒趾而獨謂周取天下兵不血刃非其實也王充

又曰每非湯武在人間不止此事會顯世教所不容嵇康

又曰湯誥云湯伐桀于鳴條又云湯放桀于南巢唯有慚德而周書殷祝篇稱桀讓湯王位云云此則有異于尚書如周書之所說豈非湯既勝桀力制夏人使桀推讓歸王于已蓋欲比迹堯舜襲其

高名者乎又按墨子云湯以天下讓務光而使人説曰湯欲加惡名于汝務光遂投清冷之泉而死湯乃卽位無疑然則湯之飾讓僞迹甚多考墨家所言雅與周書相會夫書之作本出尚書孔父翦截浮詞裁成雅誥去其鄙事直云慚德豈非欲滅湯之過增桀之惡者乎劉知幾

又云夫五經立言千載猶仰而求其前後理甚相乖何者稱周之盛也則云三分有二商紂爲獨夫語殷之敗也又云紂有臣億萬人其亡流血漂杵

斯則是非無准向背不同者焉又按武王爲泰誓數紂過失亦猶近代之有呂相爲晉絕秦陳琳爲袁檄魏欲加之罪能無辭乎而後來諸子承其僞說競列紂罪有倍五經故孔子曰桀紂之惡不至是君子惡居下流班生亦云安有據婦人于朝劉向又曰世人有弑父害君桀紂不至是而天下惡者皆以桀紂爲先此其自古言辛癸之罪將非厚誣者乎　同

又曰高定七歲讀尚書至湯誓問父郢曰奈何以

臣伐君父曰應天順人何云爲伐又問曰用命賞于祖不用命戮于社豈是順人乎郢不能答唐語林又唐書○按此雖幼悟亦卽民之秉彝也

又曰元結爲二風詩或訂曰頌善不及湯武焉可稱帝王理亂之道對曰云云如湯武之德吾則不敢頌爲規法元結

又曰殷之亡武王周公率天下之賢士與天下之諸侯而往攻之未嘗聞有非之者也伯夷叔齊乃獨以爲不可微二子亂臣賊子接迹于後世矣韓愈

又曰湯放桀有慙德恐來世以爲口實孔子謂武未盡善而孟子固與之其心安在乎　李覯

又曰孟子謂盡信書則不如無書仁人無敵于天下以至仁伐至不仁而何其血之流杵也紂一人之惡耶衆人之惡耶衆皆善而紂獨惡則去紂久矣不待周也夫爲天下逋逃主萃淵藪同之者可遽數耶紂存則逋逃者存紂亡則逋逃者曷歸乎其欲拒周者又可數耶血流漂杵未足多也或曰前徒倒戈攻于後以北故荀卿曰殺者皆商人非

周人也然則商人之不拒周審矣曰如皆非也焉
用攻同
又曰武王非聖人也昔者孔子蓋嘗罪湯武顧自
以爲殷之子孫而周人也故不敢然數致意焉大
哉巍巍乎堯舜也禹吾無間然其不足于湯武也
亦明矣曰武盡美矣未盡善也又曰三分天下有
其二以服事殷周之德可謂至德也已矣伯夷叔
齊之于武王也蓋謂之弑君至不食其粟而孔子
與之其罪武王也甚矣此孔氏之家法也世之君

子苟自孔氏必守此法國之存亡民之死生將于是乎在其孰敢不嚴而孟子始曰吾聞武王誅獨夫紂未聞弑君也自是學者以湯武爲聖人若當然者皆孔氏之罪人也使當時有良史如董狐者南巢之事必以叛書牧野之事必以弑書而湯武仁人也必將爲法受惡周公作無逸曰殷王中宗及高宗祖甲及我周文王茲四人啟廸上不及湯下不及武王亦以是哉文王之時諸侯不求而自至是以受命稱王行天子之事周之王不王不討

紂之存亡也使文王在必不伐紂紂不見伐而以考終或死于亂殷人立君而事周命爲二王後以祀殷君臣之道豈不兩全也哉武王觀兵于孟津而歸紂若不改過則殷人改立君武王之待殷若是而已矣天下無王有聖人出而天下歸之聖人所不得辭也而以兵取之而殺之而放之可乎殺其父封其子非其人也則可使其子而果人也則必死之武王親以黃鉞斬紂使武庚受封而不叛豈復人也哉武庚之必叛不待智者而後知也武

王之封武庚蓋不得已焉耳殷有天下六百年賢聖之君六七作紂雖無道其故家遺俗未盡滅也三分天下有其二殷不伐周而周伐之誅其君夷其社稷諸侯必有不悅者故封武庚以慰之此豈武王之意哉故曰武王非聖人也 蘇軾

又曰孔子謂武未盡善則伯夷之義豈可廢哉宋昭公以無道弒春秋雖書宋人弒其君然晉荀林父衛孔達陳公孫寧鄭石楚伐宋以不討賊稱人晉靈公爲之會諸侯于扈以不討賊不敘明君臣

之義不以無道而廢之也　蘇轍

又曰湯武非聖君放桀于南巢惟有慙德曰予恐來世以爲口實夷齊扣馬而諫曰父死不葬爰及干戈可謂孝乎以臣弑君可謂忠乎此湯武之罪也夫君天也父也元首也天不常雨澤而旱潦爲下土者傾而陷之可乎父不理生産而博飲爲子孫者醜而戕之可乎頭目昏重一身之累爲腹心股肱者謀而易置之可乎其不可也必矣湯武之罪當無所逃彼其自恕與天下後世恕之者不過

曰誅一殘賊而拯億兆于塗炭行大義者不恤小節興大利者不顧小害是又弗思甚也爲湯武者能保其子孫皆賢明仁聖否乎如身後之不可必盍亦姑忍是而冀其將來可矣何遽爲禍首以啓天下無君無父之心使殃毒之流紛紛如也犂犧之有君其羣不敢攘而代之分素定也使湯武不爲亂臣賊子倡未必後世敢兆是亂也夏書成湯放桀于南巢唯有慙德使湯禽獸也則安而有之若猶人也惡得不慙夷齊讐周而餓死君子曰義

士則不義之名將有歸矣若曰應天順人湯武豈得已哉此書生所知也愚夫細民且不曉此特以根夫細民心者爲是說鄭厚

又曰湯武之事古人言之多矣惟轅固黄生爭辯甚詳顔師古之言湯武爲殺是背經義故以馬肝爲喻也東坡志林武王非聖人云云可謂至論然予竊考孔子之敘書明言伊尹教湯伐桀成湯放桀于南巢武王伐商武王勝商殺紂各蔽以一語而大義皦如所謂六藝折衷無待于良史復書也

洪邁

又曰武王九十歲時方興弔伐之師呂望仗黃鉞斬妲己亦踰八望九矣君臣各已老成作此不韙之事恐勢使然耳李泰伯不喜孟子謂孔子教人尊王孟子教人爲王云云豈當如此使人爲不道故前輩謂孟子非賢人宜乎盱江終身不讀也韓文公作伯夷頌無一語及武王末云微二子亂臣賊子接迹于後世矣其罪武王如刀鋸斧鉞之加凜然可畏 顧文薦

又曰孔子罪湯武之意深矣曰唯有慙德曰盡美未盡善也伊尹相湯者也無一辭及之夷齊非武王者也則屢稱之序湯誓曰伊尹相湯伐桀敘仲虺之誥曰成湯放桀序泰誓曰武王伐殷序洪範曰武王勝殷殺紂其罪湯武也甚矣但書法謹嚴語意含蓄讀者未知其爲罪之之辭漢黄生曰桀紂君也湯武臣也君有失臣不正言而伐代之唐陸淳曰太公殷臣紂暴不諫反佐周傾之聖人宗堯舜賢夷齊不贊伊尹者爲此也此説正夫子之

本旨惜當時諸儒見不及此故言以人廢韓文公伯夷頌雖甚激揚然終不敢斥言武王至東坡武王論出而後夫子之深意始大暴白于天下後世然謂當時有良史如董狐則南巢之事必以叛書牧野之事必以弑書是又未究聖人之書法也蓋叛者忘義而背其君者也弑者陰謀而賊其君者也叛與弑君臣之義雖絕君臣之分猶存至于湯武直以勢强力敵倡率天下以兵臨之視夏殷爲與國桀紂猶匹夫伐之放之殺之夷然不顧畧無

君臣之分矣故書序曰伐曰勝曰放曰殺其罪過于叛與弑矣俞文豹

又曰韓伯夷頌無一辭及武王末云微二子亂臣賊子接迹于後世矣其罪武王凛然如刀鋸斧鉞之加而鋒鋩不露所謂法度森嚴也同

又曰胡安國云兵家勝負在人主曲直紂師如林武王數其不事宗廟賊虐諫輔之罪則商曲而周直故周勝俞文豹謂以罪則紂曲以義則商直三分天下有其二商不伐周而周伐之固得爲直乎

商之民所以倒戈以紂暴虐不肯用命耳非非師曲也同

又曰臧哀伯所云武王克商義士非之義士即多士所謂殷遷頑民者也由周而言則爲頑民由商而論則爲義士矣此說陳同甫始發之杜預謂伯夷之屬非也同

刺曰伊尹不臣不可謂之聖賢

說曰事與湯同

系曰唐虞以揖遜得天下而猶用和仲稷契以厚

風俗成湯放桀而有天下揖遜已異淳朴大壞伊尹放太甲子太甲而臣下如權矣乃曰耻君不及堯舜夫伊尹不死其身之不和仲稷契而耻其君不堯舜致君之誠則無矣顧厲己之事何如哉羅隱又曰伊尹非純臣也非經行也不可爲後世法也跖犬吠堯各護其主臣無貳心天之致也伊尹去湯就桀醜桀歸湯去就之險迹同姦謀使兵家得引爲反間伊尹自取之也桐宮之放與夷羿唯阿耳此豈人臣所當爲者哉是以效伊尹而不得盡

其心者爲霍光效霍光而不得盡其心者爲王莽董卓曹氏代漢劉裕代晉司馬代魏紛紛至于五代未嘗不托迹伊周以階亂故曰伊尹非純臣也非經行也不可爲後世法也萬章曰賢者之爲人臣也其君不賢則固可放與鄭厚

又曰佐湯伐桀者伊尹也佐武王伐紂者太公也孔子序湯誓曰伊尹相湯伐桀升自陑至序洪範則曰武王勝殷殺紂而不及太公何也蓋湯以前未有伐君之事湯亦未敢遽爲此舉自伊尹五就

桀也覘其國觀其政知桀爲可伐知陑爲閒道可以出其不意乃導湯爲之湯既非本心所以有慙德若武王則援成湯之例挾諸侯之力奮意而行之不待太公之謀也俞文豹

又曰東坡書說云湯與桀敵國也伊尹往來其閒皆聞其政而兩國不疑則尹聖人也其道大矣文豹謂伊尹乃桀之叛臣湯之謀臣也負鼎而干湯往返而五就相湯而伐君閒道而出師放君而居攝皆非人臣之正道若在春秋時則爲權謀矣故

夫子未嘗一言及之獨于序書曰伊尹相湯伐桀又曰伊尹放諸桐曰相曰放罪之也深矣孟子以爲聖而等之伯夷已非孔子之意况許以聖人乎若湯則聖人也以臣伐君逆知來世必以爲口實及武王伐紂果曰夏桀弗克若天天乃佑命成湯降黜夏命又曰我伐用張于湯有光至周公又曰天乃命爾祖成湯革夏又曰乃天降顯休命于成湯刑殄有夏則湯之言驗矣然湯止于放桀武王乃殺紂　俞文豹

又曰孟軻要說諸侯必以湯武之事是其所以自處者非伊尹不爲其言曰仲尼之徒無道桓文之事又曰管仲曾西之所不爲而所言者必伊尹予則曰仲尼之徒有道桓文管仲而無道伊尹予非異于聖人聖人之意則然也何則孔子于管仲未嘗不愛之也所惡其小器者特以三歸反坫之事累大德爾至稱有桓之功九合諸侯不以兵車則斷以爲管仲之力而至以其仁許之如其言管仲伯諸侯相桓公一匡天下民到于今受其賜微管

仲吾其被髮左衽矣豈若匹夫匹婦之爲諒也其稱管仲如此而未嘗一言以及伊尹伊尹之事不爲揄也或曰論語雖不及之而書固已取之矣聖人非不稱之曰不然書者史而已有其事而可鑒則宜著之非有譏也而論語則聖人譏評折衷之書也學爲君子者必於此乎取之矣羅泌

又曰天問云緣鵠飾玉后帝是饗王逸注言伊尹始仕因割烹鵠鳥之羹修玉鼎以事湯湯遂以爲相劉孝標西山志云負玉鼎而要卿相姚寬

又曰孟子序三聖王安石有矯弊之說蘇子由不以爲然曰孔子嘗言此三人矣或謂之仁人或謂之賢人未聞以聖人而許之者　陳善

又曰昔人心術行事不易知也如伊尹謂不以堯舜之道事君治民是賊君民也而佐湯伐桀其前後不同如此　許衡

刺曰孟軻縱横者流不可謂賢人

說曰軻去孔子近諸子緒餘輒遊獵其間得之而其資黠其口給因挾孔以騰頰干時欺世其行躁

妄一志聲利靦冒求用謀既弗售因返語進退節義留書復欺後世後世果為之欺墮至于今即其中時自矛盾不可勝舉露形態可駭笑曩昔賢智多能照而斥之類中其隱我

太祖高皇帝亦嘗病之命儒臣節其書以教人序言所去者士不業習試臣不命題而今其書列學宮身配聖祀禮遵

國制安敢輒斥謹述所聞前人成語一二于篇略其

大旨如上未稍申評之皆舊聞之意也凡後所述亦姑據其

決然明著切于其身與其言害道之大者爾凡
辨其言之非與夫他集中汗漫者皆未可盡
系曰畧法先王而不知其統猶然而材劇志大聞
見雜博案舊造説謂之五行甚僻違而無類幽顯
而無説閉約而無解注飾其辭而祗敬之曰此眞
先君子之言也子思倡之孟軻和之世俗之講猶
瞀儒嚾嚾然不知其所非也遂受而傳之以爲仲
尼子游爲兹厚于後世是則子思孟軻之罪也荀卿
又曰孟子有云天下之民舉安王庶幾改諸予日
望諸孟子所去之王豈前所不朝之王哉如是何

其前輕之疾而後重之甚也如非是前王前不去而後復去之是後王不肖甚于前而去三日宿于前不甚不朝而宿于景丑氏何孟子之操前後不同所以爲王終始不一也且孟子在魯魯平公欲見之嬖人臧倉毁孟子止平公樂正子以告曰行或使之止或尼之行止非人所能也予之不遇魯侯天也前不遇于魯後不遇于齊無以異也前歸之天今則歸之于王孟子論爾竟何定哉夫不行于齊王不用則若臧倉之徒毁讒之也此亦止或

尼之也皆天命不遇非人所能也去何以不徑行
而留三宿乎天命不當遇于齊王不用其言大豈
爲三日之間易命使之遇乎在魯則歸之于天絶
意無冀在齊則歸之于王庶幾有改夫如是不遇
之議一在人也或曰初去未可以定天命也與三
日之間王復追之天命或時在三日之間故可也
夫如是齊王初使之去者非天命乎如使天命在
三日之間魯平公比及三日亦時棄臧倉之議更
用樂正子之言往見孟子孟子歸于天何其早乎

如三日之間公見孟子孟子奈前言乎孟子去齊充虞塗問曰夫子若有不豫色然前日虞聞諸夫子曰君子不怨天不尤人曰彼一時此一時也五百年必有王者興其間必有名世者由周而來七百有餘歲矣以其數則過矣以其時考之則可矣夫天未欲平治天下乎如欲平治天下當今之世舍我而誰也吾何爲不豫哉夫孟子言五百年有王者興何以見乎帝嚳王者而堯又王天下堯傳于舜舜又王天下舜傳于禹禹又王天下四聖之

王天下也繼踵而興禹至湯且千歲至周亦然始于文王而卒傳于武王武王崩成王幼周公共治天下由周至孟子之時又七百歲而無王者五百年必有王者之驗在何世乎云五百歲必有王者誰所言乎論不實事考驗信浮淫之語不遇去齊有不豫之色非孟子之言效與俗儒無殊之驗也五百年者以爲天出聖期也又言以天未欲平治天下也其意以爲天欲平治天下當以五百年之間生聖王也如孟子之言是謂天故生聖人也然

則五百歲者天生聖人之期乎如是其期天何不生聖聖王非其期故不生孟子猶信之孟子不知天也自周以來七百餘歲矣以其數則過矣以其時考之則可矣何謂數過何謂可乎數則時時則數矣數過之五百年也從周到今七百餘歲踰二百歲矣設或王者生失時矣又言時可何也云五百年必有王者興又言其間必有名世者與王者同乎異也如同爲再言之如異名世者謂何等也謂孔子之徒孟子之輩教授後生覺悟頑愚乎已

有孔子已又已生矣如謂聖臣乎當與聖王同時聖王出聖臣見矣言五百年而已何爲言其間如不謂五百年如謂其中間乎是謂二三百年之時也聖不與五百年時聖王相得夫如是孟子言其間必有名世者竟謂誰也夫天未欲平治天下也如欲平治天下舍予而誰也言若此者不自謂當爲王者有王者若爲王臣矣爲王者臣皆天也已命不當平治天下不浩然安之于齊懷恨有不豫之色失之矣王充

又曰沈同以其私問伐燕云云或問勸齊伐燕云云夫或問孟子勸齊伐燕不誠是乎沈同之問此挾私意欲自伐之也知其意慊于是宜曰燕雖可伐須爲天吏則可沈同意絶則無伐燕之計矣不知有此私意而徑應之不省其語是不知言也公孫丑曰夫子惡乎長孟子曰我知言又問何謂知言曰詖辭知其所蔽淫辭知其所陷邪辭知其所離遁辭知其所窮生于其心害于其政發于其政害于其事孟子知言者也又知言之所起之禍其

極所致之福見彼之間則當知其措辭所欲之矣知其所之則知其極所當害矣同

又曰孟子謂彭更有人于此毀瓦畫墁其志將以求食也則子食之乎曰否曰然則子非食志也食功也夫孟子引毀瓦畫墁者欲以詰彭更之言也知毀瓦畫墁無功而有害彭更必不食也雖然引毀瓦畫墁非所以詰彭更也何則詰志欲求食者毀瓦畫墁者不在其中不在其中則難以詰人矣夫人無故毀瓦畫墁此不癡狂必遨戲也癡狂不

求食遨戲亦不求食求食者皆多人所不得利之事以作此鬻于市得賈以歸乃得食焉今毀丸畫墁無利于人何志之有有知之人知其無利固不爲也無知之人與癡狂比固無其志夫毀丸畫墁猶比童擊壤巨人博戲至于投石超距之類其志有求食者乎然則孟子之詰彭更也未爲盡之也如彭更以孟子之言可謂禦人以口給矣同

又曰孔子曰三分天下有其二以服事殷周之德其可謂至德也已矣又曰有君民之大德有事君

之小心書序伊尹既醜有夏復歸于亳孟子亦曰五就湯五就桀者伊尹也夫周顯王未聞有惡行特微弱耳非紂也而齊梁不事之非桀也而孟子不就之嗚呼孟子之欲爲佐命何其躁也李覯

又曰樂則韶舞放鄭聲遠佞人鄭聲淫佞人殆鄭聲之害與佞人等而孟子曰今樂猶古樂何也使孟子爲政豈能存鄭聲而不去之哉其曰今樂猶古樂特因王之所悅而入其言耳非獨此也好色好貨好勇是諸侯之三疾也而孟子皆曰無害從

吾之說百姓唯恐王之不好也譬之于醫以藥之不可口也而以其所嗜爲藥可乎使聲色與貨而可以王則利亦可以進仁義何獨拒梁王之深乎此豈非失其本心也哉同

又曰蘇子瞻云予爲論語說與孟子辨者八堯傳之舜舜傳之禹禹傳之湯湯傳之文武周公文武周公傳之孔子孔子傳之孟軻軻之死不得其傳焉何如曰孔子死不得其傳矣彼孟子者名學孔子而實背之者也焉能傳敢問何謂也曰孔子之

道君君臣臣也孟子之道人皆可以爲君也天下
無王霸言僞而辯者不殺諸子得以行其志孫吳
之智蘇張之詐孟子之仁義其原不同其所以亂
天下一也同
又曰孟子曰五霸者三王之罪人也吾以爲孟子
者五霸之罪人也五霸率諸侯事天子孟子勸諸
侯爲天子苟有人性者必知其逆順耳矣孟子當
周顯王時其後尚且百年而秦併之嗚呼孟子恐
人也其視周室如無有也孔子稱桓公九合諸侯

不以兵車管仲之力也如其仁如其仁又曰管仲相桓公霸諸侯一匡天下民到于今受其賜微管仲吾其被髮左衽矣而孟子謂之王齊猶反手也功烈如彼其卑故曰管仲曾西之所不為嗚呼是猶見人之救鬬者而笑曰胡不因而殺之貨可得也雖然桓公管仲之于周救父祖也而孟子非之奈何 同

又曰或云然則武王不可為與曰湯武不得已也由孟子之言則是湯武偽仁行義以取桀紂耳嗚

呼吾乃不知仁義之篡器也（同）
又曰然則仁義無益于人者乎曰奚其爲無益也天子用之以保其天下諸侯用之以保其社稷卿大夫用之以保其宗廟士用之以保其祿位庶人用之以保其田里使君臣上下父子兄弟夫婦相愛相恭相止相敬厭然如宫商之應如[illegible]繪之次禍亂日以消名譽益以廣奚其爲無益也若夫挾欲趨利圖謀非分豈仁義之具哉乃孟子之邪言陷人于逆惡也或曰孟子與諸侯言奚不聽也謂

其迂濶者乎曰迂濶有之矣亦足殫也孟子位諸侯則能以取天下矣位卿大夫豈不能取一國哉爲其君者不亦難乎然滕文公嘗行孟子之道矣故許行陳相稱之曰仁政曰聖人也其後寂寂不聞滕侯之得天下也孟子之言故無驗也同

又曰孟子之心以天下積亂已久諸侯皆欲自爲雖苟說之以臣事周孰能喜也故揭仁義之竿而湯武爲之餌幸其遂售以拯斯民而已矣曰孟子不肯枉尺直尋謂以順爲正者妾婦之道其肯屑

就之如此乎夫仁義又豈遽售之物也子噲不得與人燕子之不得受燕于子噲固知有周室矣天之所廢必若桀紂周室其爲桀紂乎盛之有衰若循環然聖王之後不能無昏亂尚賴臣子扶救之耳天下之地方百里者有幾家家可以行仁義人人可以爲湯武則六尺之孤可托者誰乎孟子自以爲好仁吾知其不仁甚矣同

又曰齊王欲見孟子而稱有疾明日出弔王使人問疾醫來孟仲子請必無歸而造于朝不得已而

之景丑氏宿焉孔子君命召不俟駕行矣則曰孔子當仕有官職夫孟子爲齊卿無官職耶天下有達尊三爵一齒一德一惡得有其一以慢其二哉孔子德薄且齒少耶君之所不臣者二當其爲尸則弗臣也當其爲師則弗臣也講道之頃耳匪常然也人君尊賢其臣尚當辭矧可以要之也哉是孟子之驕習乎宜乎其教諸侯以反天子也同

又曰孟子云紂之去武丁未久也其故家遺俗流風善政猶有存者又有微子微仲王子比干箕子

膠鬲皆賢人也相與輔相之故久而後失之也尺地莫非其有也一民莫非其臣也然而文王猶方百里起是以難也齊人有言曰雖有智慧不如乘勢雖有鎡基不如待時今時則易然也今之學者曰自天子至於庶人皆得以行王道孟子勸諸侯行王道非取王位應之曰行王道而已乎則何必紂之失也何憂乎善政之存何畏乎賢人之輔尺地一民皆紂之有何害諸侯之行道哉同

又曰齊宣王問曰人皆謂我毀明堂毀諸已乎孟

子對曰夫明堂者王者之堂也王欲行王政則勿毀之矣行王政而居明堂非取王位而何也君親無將不容纖芥于其間而學者紛紛强爲之辨又謂孟子權以誘諸侯使進于仁義仁義達則尊親周室自復矣應之曰言仁義而不言王彼悅之而行仁義固知尊周矣言仁義之可王彼悅之則假仁義以圖王唯恐得之之晚矣尚何周室之顧哉

嗚呼今之學者雷同甚矣是孟子而非六經樂王道而忘天子吾以爲天下無孟子可矣不可以無

六經無王道可矣不可以無天子故作常語以正君臣之義以明孔子之道以防患亂于後世耳人知之爲我利人不知非我害悼學者之迷惑聊復有言　同

又曰孟子曉然合于孔子者常語不得不進之而謂湯之天下久則難變故文王未洽于天下齊有廣地行仁政而王莫之能禦由周而來數則過時則可當今舍我其誰是教諸侯以仁政叛天子者也欲爲佐命者也常語不得不絶之矣天子固不

可叛也六經亦不可叛也苟不叛之則視孟之書猶寇兵虎翼者也蓋既倡之學者和之劉歆以詩書助王莽荀彧説曹操以王霸乃孟子一體耳使後世之君卒不悦儒者以此常語之作傷昔之人以其言叛天子令之人又以其言叛六經故曰天下可無孟子不可無六經可無王道不可無天子是大有功于名教非苟言焉陳次公述常語

又曰孟子將朝王云云疑曰孔子聖人也定哀庸君也然定哀召孔子孔子不俟駕而行過位色勃

如也足躩如也過虛位且不敢不恭況召之有不往而他適者乎孟子學孔子者也其道豈異乎夫君臣之義人之大倫也孟子之德孰與周公其齒之長孰與周公之于成王成王幼周公負之以朝諸侯及長而歸政北面稽首畏事之與事文武無異也豈得云彼有爵我有德齒可慢彼哉司馬光

又曰孟子謂蚳鼃居其位不可以不言言而不用不可以不去已無官守無言責進退可以有餘裕

疑曰孟子居齊齊王師之夫師者導人以善而救

其惡者也豈得謂之無官守無言責乎若謂之爲貧而仕耶則後車數十乘從者數百人仰食于齊非抱關擊柝之比也詩云彼君子兮不素餐兮夫賢者所爲百世之法也余懼後之人挾其有以其君無所事而貪祿位者皆援孟子以自況也同

又曰孟子云伯夷隘柳下惠不恭隘與不恭君子不由也疑曰孟子稱所願學者孔子然則君子之行孰先于孔子孔子歷聘七十餘國皆以道不合而去豈非非其君不事乎孺悲欲見孔子孔子辭

以疾豈非非其友不友乎陽貨爲政于魯孔子不肯仕豈非不立于惡人之朝乎爲定哀之臣豈非不羞汚君乎爲委吏爲乘田豈非不卑小官乎舉世莫知之不慍天不尤人豈非遺佚而不怨乎飲水曲肱樂在其中豈非阨窮而不憫乎居鄉黨恂恂似不能言豈非由由與之偕而不自失乎是故君子邦有道則見邦無道則隱事其大夫之賢者友其士之仁者非隘也和而不同遯世無悶非不恭也苟無失其中雖孔子由之[redacted]得云君子六由

也同

又曰齊宣王問卿云云疑曰禮君不與同姓同車嫌其偪也爲卿者無貴戚異姓皆人臣也人臣之義諫于君而不聽去之可也死之可也若之何其以貴戚之故敢易位而處也孟子之言過矣君有大過無若紂紂之卿士莫若王子比干箕子微子之親且貴也微子去之箕子爲之奴比干諫而死孔子曰商有三仁焉夫以紂之過大而三子之賢猶且不敢易位也况過不如紂而賢不及三子者

乎必也使後世有貴戚之臣諫其君而不聽遂廢而代之曰吾用孟子之言非篡也義也其可乎或曰孟子之志欲以懼齊王也是又不然齊王若聞孟子之言而懼則將愈惡忌其貴戚聞諫而誅之貴戚聞孟子之言又將起而蹈之則孟子之言不足以格驕君之非而適足以爲篡亂之資也其可乎同

又曰孟子云所就三所去三云云疑曰君子之仕行其道也非爲禮貌與飲食也昔伊尹去湯就桀

桀豈能迎之以禮哉孔子棲棲遑遑周遊天下佛肹召欲往公山弗擾召欲往彼豈爲禮貌與飲食哉急于行道也今孟子之言曰雖未行其言也迎之有禮則就之禮貌衰則去之是爲禮貌而仕也又曰朝不食夕不食君曰吾大者不能行其道又不能從其言也使饑餓于吾土地吾耻之周之亦可受是爲飲食而仕也必如是是不免于粥先王之道以售其身也古之君子之仕也殆不如此同

又曰沈同問燕云云疑曰孟子知燕之可伐而必

待能行王政者乃可伐之齊無仁政伐燕非其任也使齊之君臣不謀于孟子孟子勿豫知可也沈同既以孟子之言勸王伐燕孟子之言尚有懷而未盡者安得不告王而止之哉軍旅大事也民之死生國之存亡皆係焉苟動而不得其宜則民殘而國危仁者何忍坐視其繆妄乎同

又曰告子云性之無分于善不善猶水之無分于東西此告子之言失也水之無分于東西謂平地也使其地東高而西下西高而東下豈決導所能

致乎性之無分于善不善謂中人也瞽瞍生舜舜生商均豈陶染所能變乎孟子云人無有不善此孟子之言失也丹朱商均自幼及長所見者堯舜也不能移其惡豈人之情無不善乎　同

又曰孟子云白羽之白猶白雪之白白雪之白猶白玉之白告子當應之曰色則同也性則殊矣羽性輕雪性弱玉性堅而告子亦皆然之此所以來犬牛人之難也孟子亦可謂以辨勝人矣

又曰書放勳乃殂落云云孟軻不達此言乃妄稱

孔子言舜既爲天子又爲堯三年喪畢避其子然後即位云云孟子排楊墨可謂醇矣其餘論經義談世事之謀往往乖戾陋儒愛其詞雜然崇尚可鄙笑也劉恕

又曰臣聞學者之于孔子當一而不二是以明王罷黜百家表章六經大儒推明孔氏拔出百氏令設科以孟子配六經視古之黜百家而專師孔氏六經者不亦異乎前者學宫罷黜孔子春秋而表章僞雜之周禮以孟子配乎孔子而學者發言折

東于孟子而畧乎論語固可哂矣今　皇太子初就外傅而命宫僚講孝經讀孟子蓋孟子不當先諸論語者也如其先之豈所以輔導令質而使之一德哉（晁説之）

又曰王充有刺孟馮休著删孟充言出論衡韓退之贊爲閉門潛思論衡以修矣則退之于醇乎醇之論亦或不然也（邵伯溫）

又曰王子韶未知名時謁一達官方與人談孟子王竊哂之其人顧問曰曾讀孟否曰素愛之第全

不曉其義問何義曰從頭不曉曰試言之曰孟子見梁惠王即不曉其人深訝曰此有何奥義王曰既云孟子不見諸侯何以見梁惠王其人愕然無對沈括

又曰孟軻非賢人也夫春秋書王以存周也孔子曰如有用我者吾其爲東周乎此仲尼之本心也孟軻非周民乎履周之地食周之粟常有無周之心學仲尼而叛之者也周德之不競亦已久矣然其虚位猶拱而存也使當時有能倡桓文之舉則

文武成康之道業庸可幾乎爲軻者徒以口舌求合自媒利祿盍亦使務是而已乎奈何今日說梁惠明日說齊宣說梁襄說滕文皆啗之使爲湯武之爲此軻之賊心也譬父病亟使非商臣爲子未有不望其生者如之何而直置之不救之地哉軻恐人也辯士也儀秦之雄也其資薄其性慧其行輕其說如流其應如響豈君子長者之言也其自免于蘇張范蔡申韓商李之黨者挾仲尼以欺天下也使數子者皆拂其素矯其習竊仁義兩字以

藉口是亦孟軻而已矣要之戰國縱横捭闔之士皆發冢之人而軻能以詩禮也是故孟軻誦仁義猶老録公之誦法也老録公誦法賣法者也軻誦仁義賣仁義者也安得爲仲尼之徒與嗟乎孔子生而周尊孟軻生而周絶何世人一視孔孟之心

記曰擬人必于其倫寧從漢曰孔墨鄭厚

又曰京師坐鬻者愚遠方之人直百必索千酬之當其直則售意其知價也知價不可復愚酬之過其直則不售意其不知價也不知價則惟吾之愚

必極其所索而後售孟軻抱縱横之具飾以仁義行鬻于齊齊王酬之以萬鍾且曰我欲中國而授孟子室養弟子以萬鍾軻意齊王不知價者遂愚齊王求極所索而後售齊王徐而思之軻之言曰王如用予則齊王猶反手開闢以來初無是理悔而不酬軻亦覺齊王之稍覺也卷而不售抱以之他徐而自思曰齊王之酬我過其直矣矯然不售行將安鬻遲遲吾行三宿出晝冀齊王呼色而還其舊直是市井販夫行鬻魚鹽果菜之態也京師

坐鬻猶有體焉小兒方啼而怒進以飯推而不就徐其怒歇而饑也睍睍然望人進之輒之去齊畱齊見態也夫　同

又曰予讀韓愈書知其尊聖人之道其志篤矣然謂孟軻輔聖明道之功不在禹下斯亦過矣得非美其流而忘其源乎當堯之時洪水浸天下民受其害深矣雖堯舜之咨嗟遑遑未有以治之道禹乃決橫流而放于海粒斯民而奠厥居是天下之水非禹不能去昭昭然矣雖百夔契又何益哉孔

子之道衣被天地陶甄日月萬類之性人倫之本孰不由其德而能存乎苟一日失之則鳥獸之不若也當周之亡辯詐暴横聖人之道偶不行于一時亦猶天地之晦日月之蝕運之常也復何傷乎孟軻學聖人者也憤然而與闢楊墨誅叛義以尊周公孔子信有大功于世然聖人之道無可無不可苟當時軻之徒不能排楊墨横遏異端明仁義以訓天下則聖人之教果從而廢乎且使聖人之道遭楊墨之害而遂衰微則亦一家之小說爾又

焉足爲萬世之法哉軻雖欲張大其教天下可從
而興乎是聖人之道不爲一人而廢一人而興又
昭昭然矣其後嬴政肆虐火其書窒其途以愚天
下之耳目使不能通其說其爲害過楊墨遠矣然
漢家之興則孔氏之言雷震于海内豈復由軻之
辨而後行耶故曰譽之不足益毁之不足損由其
道大也後之儒者有能立言著書振揚其風發明
其旨則可矣若曰隨其廢而興之因其塞而通之
得非過矣乎予謂楊墨之禍未若洪水然而九年

之害非禹不能平孔氏之道雖見侵毀亦不由軻而益尊苟毀譽由軻而興則不足謂之孔氏之道使聖人復生必不易此言也張俞論韓愈稱孟子功不在禹下

又曰孔子作春秋于吴楚越之君止稱曰子未嘗王之孟子于齊梁之君則偃然稱之此時孟子亦不知有周王矣俞文豹

又曰齊宣王問湯放桀武王伐紂臣弑其君可乎或者宣王見周室微弱有問鼎之心故設爲是問孟子而有尊王之心欲引其君以當道而爲湯武

之地則當託以應天順人之説而乃曰賊仁者謂之賊賊義者謂之殘殘賊之人謂之匹夫吾聞誅獨夫紂未聞弑君也故前輩謂湯武非聖人伊呂非賢臣孟子非賢人　同

又曰張敬夫云孔門待紂甚忠厚孟子則以一夫名紂既燔死武王復親斬之紂君也武王嘗北面事之忍爲之乎使孟子當其時必爲誅紂之事矣　同

又曰韓愈尊孟子謂觀聖道必由之始孟子距楊

墨而韓則謂孔子必用墨子不相用不足爲孔墨同

又曰孟子既以夷惠爲聖人王安石復以孟爲聖人雖欲推尊非至論也陳善

又曰父雖不父子不可以不子君雖不君臣不可以不臣而孟子曰君之視臣如犬馬則臣視君如國人君之視臣如土芥則臣視君如寇讐孔子曰君使臣以禮臣事君以忠又曰不可則止又曰邦無道則可卷而懷之何至以犬馬自爲乎陳善又 俞文豹

又曰孟子嘗謂執中無權猶執一也然臨事亦有執而不通處如曰可使制梃以撻秦楚之堅甲利兵蓋謂德義之尊足以無敵于天下也彼戰國之時縱有德義如廉頗白起之儔未易以梃撻也如其說可用則虞舜周文自可制梃以撻三苗與崇國矣又言瞽瞍殺人皐陶執之而已謂至公之道天子不得私也豈有人臣行法而執天子之父之理使其可執舜負而逃又當追捕也豈知議親議貴亦公道也此乃執一之病故荀卿詆其僻違而

無類幽隱而無說雖非之太過亦有以致之李如箎

又曰孟子辭齊王而出弔東郭氏景丑難之孟子無以解紛乃引曾子之言以應之且曰夫豈不義而曾子言之是或一道也孟子嘗曰遁辭知其所窮躬自蹈之矣同

又曰齊王不可以風孟子不造朝卒至于去何其易也其言見王于崇退而已有去志及再不合當接淅而行矣乃復遲留于晝三宿怏怏然罔望不已彼遣一介之士則固不能留而宣王亦豈肯親

往邀之哉此不可曉李季可

又曰孟子三宿出晝答高子曰猶以爲速而答公孫丑曰久于齊非我志也何前後不同王若虛

又曰戰國之士放蕩四出仗口舌以要時君雖孟子大賢亦千里見梁且語勾踐以游蓋因天子諸侯皆不取士士無歸故也羅壁

又曰王充作刺孟馮休著刪孟司馬公作疑孟李泰伯作非孟晁以道作詆孟黄次伋作評孟各有所見非若今之胸中無眞識隨時好惡逐人步趨

而然周密

又曰宋人有戲爲詩者不一有曰丐者如何有兩妻日攘那得許多雞當時尙有周天子已勸梁王又勸齊沈君玉

又曰史記稱孟子受業子思之門人韓子稱孟子受業子思按孔子壽七十三孔鯉壽五十一子思壽六十二孔子卒時子思蓋長矣今從孔子卒之年數至孟子去齊之年一百六十六年由是推之孔子少子思百餘歲猶未及受業于門人也盧格

又曰軻之説諸侯以王自謂志在乎治天下而仁義則其具也又謂事在乘勢待時于時周王在天子之位得其勢矣時又極亂軻曷不抱其具趨王朝以復文武之盛乎既不適周則固當見之諸侯然軻謂武王以去殘賊而誅紂顯王又非桀紂之殘賊也軻何意竟不輔之又導人奪之也乎反復推尋竟主何意噫軻之詐心于此可披而得之矣豈非以周之衰微已甚決非其所挾之具能起之者不能起之則終于不用富貴不可得矣諸侯方

强假其說以助之有一得志則輒爲佐命宰輔據伊周之位享伊周之利矣輒之計不出此而焉在耶以是求輒之心將無所逃自申

又曰循韓愈及皮日休輩宋儒之徒謂孟子獨傳孔子之道矣由此前諸論則孟之背孔亦皎然矣兩日不並立安可置而不辯或曰孟氏書與五經並懸科以取士今放言如是不虞有干於　朝典比于官刑者乎曰是亦糾彈之類也今或匪人在廷言者得直攻之不以方　命爲譴也孟固　王制

所立獨不得比　天子親所擢用之臣乎蕩蕘言
之
聖明裁之本
皇代之法也同

祝子罪知錄卷一終
曾孫男世廉謹輯

[illegible][illegible]異知錄

祝子罪知録卷二

吳　祝允明希哲纂
王世貞元美校
豫章　祝耀祖述之閱

刺曰孟軻云性善荀况云性惡皆非

說曰古今擬議煩甚故予向取吾心所安者爲性論今具録之昔者之辭悉未遑徵述爾以聲與勢而從焉而强訥焉而不敢盡焉者後代之言性乎今天下學士或抱哲姿蓄廣學終不敢言性惡者

豈皆中誠哉言之必獲戾以爲儒家罪人此病聲也附孟而吠荀楊韓皇甫司馬氏者徧四海閱數百年萬萬喙吾敢以一舌抗之乎是病勢也嗚呼諸公爲聲若勢而不言吾且爲聲受惡勢受悖戴辜而言之性果惟善乎無或惡乎請以物證之人物懸矣然而必有受斯謂性謂之性必有恒乃同也物之性温涼柔剛平毒生殺受於是必恒於是稼必生鴆必殺一内諸咽上帝弗能奪而反之矣性不恒哉羲炎軒嚳摯項伊姚姒姬迫之死令惡

肯乎蚩苗饕杌癸辛蜚跖導之生使善能乎弗肯稼不殺人也弗能鴆不生人也何譚者之不燭乎是夫性必有恒有恒非盡善也非盡惡也有善者也有惡者也有善惡交并者也善者甚寡羲炎之類也惡者亦甚寡蚩苗之類也交并之類一而其劑分彼此侵互爲品極繁殆不可算古今之賢良中人以至細人鄙人愚不肖也曾謂終天皆羲炎者乎爲造物者惟二陽也陰也陽善也亦有惡也陰惡也亦有善也假令獨陽無陰則亡生矣亡陰

則亡生既生矣陰也在其中焉得獨善而亡惡乎由其甚寡者有恒甚多者亦有恒故鳳寡鴆亦寡而雞雀無算也彼將達其辯故必曰惡者氣耳夫有理亡氣則生乎有氣亡理則生乎是必合而生生而性始見也性非生而後有有之於合之際也今必寘性於偏善而曰惡者氣則必將曰鴆理本善其殺物氣也是理氣二也理自理氣自氣然則性果何物也哉生生之類又烏用有性之名也哉嗚呼爲是言者其亦强有力矣然而强有力也亦

能令穀殺而鴆生乎賊何黨於荀楊韓馬何仇於由軻而後者哉書曰惟皇上帝降衷於民若有恒性則知性必恒矣孔子曰性相近也上智下愚不移則知必有善惡二岐而後始有遠近不移之形矣如其不然敢犯不韙嗚呼由孔子至於今舉世推爲至聖言必師疑必質而獨不從其言性何其怪哉審若彼則孔子不得爲至聖也嗚呼小子之愚獨知有孔曰須臾之則吾豈敢

系曰張耒論性有善惡惟聖人能趨善遠惡爲盡

性衆人不能頗爲得之又近時盧格論性不以善惡而以全闕亦非惟李翺不言善惡第云復是亦全善而旨通佛氏詳後佛老條　黄睎

刺曰趙匡胤篡國亂賊

說曰尼父爲春秋援天定人人用私鄙公勢奪道猶假天而號天於時或未爲定之旣衷私駕勢詭逆遂事亡幾何勢盡道在聖人援天正之姦跡逆節不可以渝逆者干戈代禪湯武猶爲不免人萬不若二王將顧上越其事襲跡夏虞得乎哉由莽

來姦葢四海其終不能逃天與聖人法獨匡衞得乎哉夫禪篡非竝行順逆無兩立衞左驗旣皦郎歸一途岐之何爲其國人爲諱猶能婉辭以設兩造徵文以示閱實事定旁玩更爲迷陽薄徵大端畫一請詰有以排破詰者陳史劉論輩與吾書俱廢無憾

一徵曰赭襴之薦惡自製之害詰厥自誅以蘖之一鏞不靡胡謂迫斯數兵之弗戢何帥之爲

二徵曰兒素大志今果然矣志孰爲大幾何時矣

聖善之口奚其簡而信爾

三徵曰紀王二昆弗去㠯待豈以武庚能畔而俾弗留害

四徵曰巍謨發矣夙遣昭輔往訊於家而機亦潛布

五徵曰點檢帝符疇寘諸軍書將非趙徒陳王祠狐暨厥孫天書一智與

六徵曰謹言孰與㠯惱㠯逃爾唯不為爲㠯寘不昭將無漏竊鏞烏自塞聽而能以彼亡呶呶

七徵曰羣讙謨漏密語厥室密語厥室無明語厥辟媼叱不沮乃以激激厥謨俾疾共濟以爲詭譸其匿

八徵曰謨兩學究人狗卬否俾陳丑普孰識非衆建而自賊取

九徵曰祖輭之拜愆儀可惕胡弗惕弗詰無亦畏鬼眼荅直以暴

系曰太祖之自陳橋還也太夫人杜氏方設齋於定力院聞變王夫人懼杜太夫人曰吾兒平生奇

與人皆言當極貴何憂也言笑自若太祖即位是月契丹北漢兵皆退司馬光

又曰太祖將北征京師之人喧言出軍之日當立點檢為天子富室或挈家逃匿於外州獨宮中不之知太祖密以告家人曰外間洶洶如此將若之何太祖姊或云即魏氏公主引麪杖擊逐太祖曰丈夫臨事當自决乃來家恐怖婦女何為太祖默然而出司馬光邵伯温同○按此則先知其謀如此明白曷不陳于朝而不行乎

又曰藝祖初自陳橋推戴入城周恭帝即衣白襴

乘轎子出居天清寺寺卽世宗改名而爲功德院也太祖與諸將同入内六宮迎拜有二小兒丱角者宮人抱之亦拜詢之乃世宗二子紀王某王也顧謂諸將曰此復何待左右卽提去惟潘美在後以手搯殿柱低頭不語藝祖云汝以爲不可耶對曰臣豈敢以爲不可但于理未安藝祖卽命追還以其一人賜美美卽收之以爲子藝祖後亦不問其後名惟正者是也每供三代惟以美爲父而不及其他故獨此房不與美子孫連名名夙者乃其

後也夙爲文官子孫亦然夙有才爲名帥其英明有自云 王錡

又曰太祖北征羣公祖道於芳林園旣授綏承旨陶穀牽衣留戀堅欲致拜上再三避穀曰且先受取兩拜回來難爲揖禮也 張舜民

又曰太祖陳橋推戴時杜太后眷屬以下盡在定力院有司將搜捕主僧悉令登閣而固其扃鑰俄而大搜索至主僧紿云皆散走不知所之矣甲士入寺升梯且發鑰見蟲網絲布滿其上而塵埃凝

積若累年不曾開者乃相告曰是安得有人遂皆返去有項太祖已即位矣朱弁○按如此安得謂人心推戴且獪之爲計至是豈非楚昭輔巳先達之乎

又曰藝祖推戴之初陳橋守門者拒而不納遂如封丘門抱關吏望風啓鑰遂即位斬封丘而官陳橋者王明清○按如此即豈出於人心之推戴乎

又曰李淑知鄭州奉祠柴陵作恭帝詩云弄楯牽車晚鼓催不知門外倒戈回荒榛斷壠纔三尺剛道房陵半仗來爲侊家陳襄抉其事以聞褫一職

魏泰又田宣簡

又曰太祖初受禪有飛矢集御輦者左右欲搜索不許但駐輦回顧曰射殺我也未到你做在聖度如此陳長方○按此雖見太祖之度然亦可見非人心之推戴與陳橋守門者同

又曰兩日盪重光點檢作天王一作殿前點檢作天子范質王溥不能死崇元殿上行禪章制書私草修文郎趙書記正皇綱遺孤披麻在金床胡爲捽霍馬上醉擁黃衣裳何以朝萬國升明堂楊維禎樂府

又曰春秋誅亂臣垂後戒故加趙盾弑君之罪以

志、肩當國而不能討賊之義愚因竊取加宋太祖
篡周之罪以明太祖爲主將不能馭衆以致變之
形若宋人作宋史爲之諱可也尊春秋之旨以續
綱目之書則不得拘世俗之見以詘大義矣苟計
其後功而泯其前惡則君臣之防壞矣此愚有富
人沒而羣隸竊有其室之譬執事是之豈非以其
辭直而義正耶 陳櫄答姜漸書
又曰湯有慚德孔子論之而以至德稱文王義可
見矣使孔子作春秋始自唐虞則其書湯武必不

與堯舜禹同辭湯武尚然况後世之臣無其德而
乘時竊據其位者耶此吾於太祖之有天下書法
與郭威同修天下之大閑於綱紀大壞之後不得
不爾也同
又曰來書云凡本非有得天下之心而有功於天
下者其書法不得不予之荅云此論湯武可矣論
太祖則非也周世宗無桀紂之行不幸而殂寡妻
幼子雖不能治天下使得大臣若周公霍光者則
恭帝不失爲成王昭帝周祚豈遽移哉太祖初無

湯武之德不過以善戰驟顯將校知其能而天下未受其賜從何而有得天下之心至陳橋之變既知慚負天地而不能殺身以成仁因而篡國湯武之心若是耶若以爲推戴出於衆人而弖之則後世大將握重兵一旦爲下所推者皆得藉口而免誅矣故愚謂太祖得國以篡而治國以仁功罪不相掩矣同

又曰來書云綱目於篡竊之際而皆著其漸漢乾祐二年書郭威以白文珂爲西京留守又書威請

加恩將相則威不待澶州之變而已收天下之心矣至書威反而曰殺其主承祐承祐雖欲殺威威之主也今不曰弒而曰殺故下書自立明年書郭威稱皇帝則其書法輕重之間而威與承祐兩有罪矣今太祖於周顯德三年書兼殿前都指揮使六年世宗獲讖以大祖代張承德為點檢是月世宗殂明年遽有陳橋之變則太祖即位之事若與威同而威之專擅大與太祖異今云自立而還又見其稱帝則柴宗訓無劉承祐之罪而太祖甚於

郭威之惡矣答云此論其人之處心則是而斷其罪之成案則非假有謀故殺人者其一人本惡人也待時而後發其一人本善人也乘勢而卽發有司者還原其人之善惡及論其漸與否而較重施罪耶還以其所犯同而咸當以大辟之律耶威之篡漢有漸而太祖之篡周則乘勢心雖不同而事則無異又豈可以小節而末減其大惡哉且威之屢書於綱目非惟著威篡竊之漸亦以咎漢王之失道若世祖之待太祖與漢異其不以太祖長者無

反側之虞而然哉太祖不念此遽竊其國非惟得罪於天下得不負世宗待之之意乎若緣情斷罪則太祖之惡甚於郭威無疑復何多論哉今書自立繼以稱帝悉如威例以其事同也同

又曰來書云五代以來天人厭亂已極郭周既已無子世宗英明而又不壽天之所付蓋已可見周之有國前後九載既無積德累仁之基而復使幼君臨之名藩悍將必不束手效順其爲悖亂又不知其底止也答云此因其後功而欲蓋其前愆觀

其已然而臆其未然非至論也五代亂極固當治周不當天命亦已見但君臣大閑所以示後世不可不謹若以後功遂廢大義不講君子不取太祖固有君德又有天命然周之臣子也以臣篡君罪不容誅若復予之則後之人德政之美未可期而君臣之義已先壞此愚所以痛心不避流俗之議而執此筆豈爲周哉　同

又曰來書云人心所與天命所與也人心不從雖以項羽之暴戾王莽之殺戮不能使之强從人心

之所歸雖以太王劉備之郤郤而不能使之去也

答云此亦偏於太祖之論當時天命之在太祖者

不可知人心之歸太祖者跡未著使太祖自陳橋

還汴之日明君臣之義從韓通而討之未可知也

唯其民人習於五代之易而周主之所恃者禁旅

而已韓通倡大義既不克而禁旅之將又皆黨於

太祖故范質王溥無如之何而下拜耳尚何太王

劉備之得比哉

又曰來書云慕容延釗石守信皆與太祖比肩而

顧相推戴非天其誰能使之乎春秋之法爲賢者諱自唐三百餘年而始有太祖卒能削平僭亂以開太平之治不可執一論也若必以此爲垂訓則彼無太祖之功德而欲效之者天下將共誅之又何待於吾之訓哉故愚謂宜審其輕重而約其中以定其制答曰陳橋之變正吾比肩利於富貴而爲之以爲今日若此安知他日之不相及耶故非眞有爲天下之心而推誠以奉之之意也唯其太祖既立行事不與五代同君臨之位始定而宋之

享國亦久矣愚非不美太祖之後功而欲加以篡竊之名特以其罪不可掩使後世之欲倣效之者知懼焉耳若如執事之言而予之則天人之際未可必而凡爲君者將何以自安於羣臣之上哉春秋爲賢者諱之義恐不如此幸詳思之同

又曰來書云宜書曰北漢契丹入寇周命趙匡胤帥師禦之壬寅師次陳橋癸卯匡胤自陳橋還受周禪稱皇帝國號宋奉周主爲鄭王此亦唐王淵稱皇帝之例而書法微婉庶幾合於據事直書其

義自見之法雖不言其自立而其迹亦不可掩答云非漢伐周朱子書之以正其始今復書曰伐所以正綱目之終若曰入寇則是夷漢而中國周矣上書禦之繼書自陳橋受周禪而又云稱皇帝則禪與篡兩不明矣既取其國據其位降封爲王而復曰奉奉者下事上之詞豈有自天子下降爲諸侯而可謂之奉哉經今書之曰非漢及遼伐周所以稱漢之討也周使趙匡胤帥師禦之所以著其受任之重也至陳橋自立而還所以明其乘勢而

竊發也趙匡胤稱皇帝所以誅其心也廢周主爲鄭王所以志其簒也國號宋所以成其姦也豈不明且簡哉彼之罪既不可泯則直書以垂後訓正春秋之旨孰事何疑焉同

又曰取天下者末世以謀謀取者逢機遘會陽施陰設而人莫或覺卒然不日之間可以集事宋太祖是也夫宋太祖取周亦因其有可取之機而其謀得以施焉耳何也周世宗以郭祖妻姪爲其養子則有周之基業固以處非其據而來姦雄窺覦

之心矣中道殞殂符后入宫纔十日恭帝承統甫
七歲寡婦孤兒之易欺未有甚於此時者也是以
羣帥合謀托言有遼漢之師而空國授之於太祖
及陳橋事定何嘗見遼漢有匹馬隻輪冦邊哉且
太祖之入也遣親吏楚昭輔入報其母杜太后曰
吾兒素有大志今果然矣由此言之謂太祖先不
預謀殆未可也後唐明宗爲其麾下將士擁逼自
魏南還以取莊宗歐陽永叔於五代史以反書之
陳橋之事夫豈異是劉定之

又曰宋祖之有天下自言爲六軍所迫乃令甲士歸營而自退居公署將誰欺欺天乎朱全忠恐昭宗生變遂選牙官史太夜扣宮門而椎殺之乃佯哭自投於地曰奴輩負我令我受惡名於萬代此皆當時故習以爲常者也然其詳可以服萬世之公心已見論於劉文安公矣而其隱約不見於史册者予嘗聞諸宋王鉦尤有二事可証予復表而出之正所謂揭日月而行天其能掩乎昔藝祖生西京夾馬營前有陳姓而失其名者聚生徒以設

藝宣祖遺藝祖從之藝祖微時疾惡頗甚而陳時
或開諭後藝祖仕周世宗功業未大顯會世宗親
征淮南而藝祖分兵取滁州爲皇甫暉大敗於清
流關訪策羣下皆云鎮州趙學究頗以智術稱於
村藝祖卬之從其背山之策而破滁即史所載餘
人非我敵必斬皇甫暉頭者是也後延學究館於
汴而與陳俱爲門客陳橋之事乃謂學究曰陳雖
不與吾事亦當告而後行且囑以家事夜與學究
過陳具道之陳大怒曰不可作族滅之事遲明拂

衣而去居陳州村舍聚生徒如故如此而謂之六軍所迫吾不信矣及入城周恭帝卽衣白襴乘轎出居天淸寺寺乃世宗改名而爲功德院也藝祖與諸將入内六宮迎拜乃見世宗幼子二人所謂紀王其一未封倉卒之際顧謂諸將曰此復何待左右卽提去惟潘美在後以手掐殿柱垂首不語藝祖云汝以爲不可耶美對曰臣豈敢以爲不可但於理未安卽命追還以一賜美美收之如巳子後改名惟正者是也其一不知所在如此而謂六

軍所迫尤不信矣蔣誼○按陳學究事孫升談圃亦畧言之
又曰按宋史太祖建隆元年正月辛丑受命禦漢
遼癸卯發汴日異實昭是夕匆匆黃袍竟被以此
觀之點檢先策已有成圖授鉞會際乘而遂焉史
曰陳橋聚謀理譬不許不過北面三讓義耳愚意
此舉太祖本懷發於太宗成於趙普所以後來違
毋之誓者不過尋兒之盟耳故紀以四絕偶讀劉
靜修之作曰太祖無心亦徒說吾兒有志更誰云
是蓋先得我心之同然者也家毋素知兒有志他

人却道帝無心史官兼載非相牾後世那知費討尋（右太祖）倉卒陳橋事變時都知不與恐難辭黃袍不是尋常物誰信軍中偶得之（右太宗）阿母要盟畢竟寒箇中書記獨相干晋王不肯輕傳弟欲說陳橋事似難（右杜太后○岳正一首在趙普條）

又曰唐宋之取天下假禪讓之名以掩簒弑之實其去魏晋宋齊梁陳無幾耳觀其失之者則曰禪位其得之者則曰受禪果如其言後世之舜禹一何多耶唐無庸議矣宋太祖北面周室東征西伐

不爲無功尊爵豐禄其報不薄一旦世宗棄世恭帝嗣位當危疑之際遽萌篡竊之心黄袍加身返戈内嚮拊其背而奪之顧其假詞于陶穀而欲比迹于唐虞嗚呼不知舜禹之禪讓果如是耶穀之禪詔果何以欺天下後世耶或謂當是時五季之亂已極恭帝幼冲藩鎮窺覬太祖不取亦將有逼而奪之者安可守匹夫之小諒而忘撥亂之大計哉是不然諸葛亮乘帝禪之闇而取之則西蜀底定矣謝安因穆宗之幼而取之則江東可興矣然

二子終身非面而不忍取者以君臣大義不可干也使太祖追念世宗厚恩而報之于恭帝如亮之輔帝禪如安之輔穆宗則衰可興亂可撥而天下國家可安矣不此之圖乃欺孤弱寡廢主立自謂其無利天下之心吾不信也嗚呼始也以母老子幼而得之終也亦以母老子幼而失之孰謂天道果無知耶　何喬新

又曰子桱作通鑑續編答姜羽儀書言宋祖之篡位與郭威無異反覆辯難因其事以誅其心深合

春秋之旨羽儀時亦有志于斯及得其書遂焚其稿其立法之公槩可見矣陳頎附記○子樫修史書宋祖自立稱帝之際適大雨霹靂震其書案子樫不變拱而徐言曰老天雖擊斷臣手亦終如此書此事傳之已審頎此條又云聞之前輩言舊編書匡胤奉周主爲鄭王子樫方易奉字爲廢字隱几以盹忽雷震其几云云

又曰或問陳橋之變誰寔尸之曰太祖之志太宗之謀趙普成之也昔者太祖之生有赤光之符客遊漢東有紫雲黑龍之符其陰有帝王之志非一日矣一旦世宗告殂恭帝幼弱中外人心密舍推戴木題點檢作天子寧非驗于此乎于是託言漢

遼師下收傾國精鋭出次陳橋反掌之間成此大事是豈無人默主于其間而將士敢爲之與杜太后初聞變曰吾兒素有大志及臨崩曰汝萬歲後當傳光義夫豈無故而輕爲是言哉太祖即位之後稱晉王爲太平天子幸普家呼普妻爲嫂又豈無故而輕自降尊哉享國既久不立皇儲太宗葢默怨之矣以故一旦得志不踰年改元意者宋有天下我實爲之而趙普踰盟葢默知其故也嗚呼宋之啓運若此孰謂可與漢唐竝稱哉宋論推隱

未盡故著之 盧格

又曰信史新須出石渠老夫莊誦讀躊躕最當論處陳橋事爲甚含糊不直書 桑

又曰今法吏求囚情不得則逮其族屬證佐謂之服辯乃施法杜氏之言已不待讞鞫而自承矣卽親書供吐實狀亦何伺泛求別證 自

又曰小說中載宋事有近怪者學者類少談之有一二可異如福王長子小名佑孫次日德孫蓋竝取立人二字後乃應德佑之號德孫郎昭陵也 周密

癸辛襍識王安石在鍾山一僧謂曰子必作相但勿念
舊惡改壞祖宗之法安石曰一第未就子戲乎僧
曰嘗禪定見秦王入寺知先輩即秦王後身也張端
義貴耳集與前粘罕腹癜及高宗為錢鏐後身孝宗為
太祖之裔仍享國之半宋代瀛國公復為元順帝
以亡元皆若不偶然者縱謂野人之談無足稱亦
可見天心予奪之報不爽耳

刺曰趙匡義弑兄篡國

說曰受命篡弑馳背氷炭然而形有似者偽也定

眞僞者存乎證匡義證驗衆矣審矣無端起疑何愚甚乎斧聲一也遜避狀二也好爲之語三也宋氏號懼乞命四也殺徹二子五也不喪宋氏六也崩年改元七也更名光義八也殺弟九也繼恩不召德芳而召匡義德玄助之十也有一心迹事立決矣劉公桓桓暨同心者莫非確論程氏丘氏何意爲之强辨規免春秋嚴無將之誅令人逸足徵之賊且李燾歐陽玄之言爲書文瑩胡一桂陳桱之言非書也耶按陳氏援温公以辨而謂公不妄語其言當信固然也然紀聞之書

凡得之傳聞者注曰某云得之目擊者注曰身見此正温公不妄雖聞而非目擊者必著所從得慎之至也太祖崩事一條注曰君倚云乃得之錢公輔則亦傳聞之一端安得以一而廢衆書中他事亦有與當時他書所記不同者非謂温公言妄述其實亦欲覽者審求之又宋人亦有疑紀聞非温公書者此未暇論

系曰宋開寶九年冬十月壬子夜漏四鼓晉王光義用柱斧殺兄於大寢明日太史氏特簡書曰宋趙普弒其君匡胤普辯曰壬子之夕普不得入侍禁闥帝崩普罔聞知普曷罪太史曰君親無將將必誅開光義之將者若也曰昭曰美趙孤不絕也

太后遺命帝不得受也榻前署書若不得署也春秋大居正若爲宋大臣不以居正相其君而以阿依邪命使光義之斧已在太祖衽席上太祖享國十七年幸耳嗚呼上之弒也非若而誰若不討賊不引決若又非面戴之大臣之從違去就若是國何恃乎若耶吾以春秋法定若爲戎首若雖欲辭得乎普伏罪曰普當戮普當戮以謝先帝九冥下也抱遺子曰里克趙盾甯殖三子方諸商人陳乞宜有間矣而春秋書法一施之所以戒天下之爲

人臣者太史氏之書昔非三子例乎

又曰慈母愛愛幼雛趙家光義爲皇儲龍行虎步狀日異狗趨鷹附勢日殊膝下豈無六尺孤阿昭阿美非呱呱夜闥鬼靜燈糢糊大雪漏下四鼓餘百官不執董狐筆孤兒寡嫂夫何呼於呼床前戳地銀柱斧禍在韓王金櫃書楊維禎樂府

又曰太祖太宗之始終見於史者若此胡一桂謂其不能不起萬世之疑夫史所謂屬以後事者非傳位乎太祖果欲傳於其弟則豈不宜使人聞其

言而何爲雖已之妻與子亦不得聞太宗果得傳於兄則亦豈不宜使人聞其言而何爲雖已之妻與子亦不得聞德昭等在外固不得聞宋后等必侍疾而亦悉屏之使不得聞太宗之意欲何爲豈非因太祖無傳之之言而遂行奪之之計哉故非但授受之際無一人在傍得聞其言惟其兄弟自知之而殯絕之際亦無一人在傍得見其實惟其兄弟自知之太宗雖家置一喙將何以解萬世之疑而免弒奪之罪哉昔隋文帝之終也既以其位

與其子廣又以位與其子勇于是廣散遣文帝左右之人而行大事令太祖之終也無乃亦既嘗與其弟又將欲與其子是以致太宗悉屏左右之人而踵楊廣之故智乎史謂但遥見燭影晋王時或離席若有遜避之狀既而太祖引柱斧戳地大聲曰好爲之俄而殂斯狀也斯聲也可疑也亦可駭也而何其殂落之奄忽也宋后母子托命之言其悚懾于太宗之餘威又可知也或者謂太祖之於其弟友愛天至稱其龍行虎步異日必爲太平天

子福德非吾所及於其有疾而灼艾也爲之灼以分痛而何至於晉王之有心以賊其兄哉噫古者帝王兄弟若漢景帝之于梁孝王武宋文帝之于彭城王義康其初也亦未嘗不相友愛然其後也弟有次及之望兄無付託之誠因循積久嫌隙生焉大利誘引之於前羣小推擁之於後而兄弟遂不相容矣豈特太宗哉史謂宋后是夕遣王繼恩召其子德芳繼恩徑召晉王王曰吾當與家人議之入久不出繼恩促之曰事久將爲他人有矣時

大雪遂與王于雪中徒步至宫繼恩使王止其直廬曰且待於此繼恩當先入言之王從者德玄曰便當直前何待之有乃與王俱進至寢殿以此證之亦可見其挾詐乘機之未爲無心未爲無黨内外布置有自來焉豈一日之積哉抑此史之足證者有史所不載而出於小說家者曰金匱粘罕生而腹下有瘢類太祖殂時之狀其後粘罕入汴悉取太宗子孫以去疑太祖復生以報寃也此其言誠鄙俚然可以證太宗之事雖野人俗夫尚能言

之以貽後世不可泯沒爾夫君親大倫也弑逆大惡也不可以輕增加於人亦不可以輕末減於人故謹而書之非但以追懲於既往亦所以懼亂賊於方來焉此春秋之意師孔氏者當世守之其可苟哉　劉定之

又曰太宗之改元即位越兩月又越一月則明年正旦矣而不肯少待遽改殘年爲元年汲汲乎削去其兄之年號而以已之年號播乎天下者蚤一日則快一日之[illegible]也且號其年也謂之與國言創

業由我也謂之太平言致治由我也所謂至尊之妹號極美之大名無非欲誇越其兄而已自昔以崩年改元爲亂世之事太宗襲用亂世之事而不避徒以其兄之未嘗明以大業授已而致已自取故汲汲削去之跨越之然不虞天下後世因此窺見已之戕其兄矣晉靈公欲殺趙盾不克盾懼而出走盾之宗人趙穿弑靈公於是盾未出境而還是盾雖無弑之事然其心幸靈公之死而已得返也許悼公病瘧飲世子止之藥而死夫止之進藥

本爲已疾也然藥之不善不足以已疾而適足以
致死止也不察焉而遽進之以致悼公之死則是
止雖無弑之心而有弑之事也春秋於盾也原其
心而誅之不以其未爲是事而赦焉故書曰趙盾
弑其君夷臯於止也緣其事而誅之不以其未萌
是心而赦焉故書曰許世子止弑其君買所以立
天下之大閑以見君父之不可苟也今太宗之于
其兄也原始要終而見其事又見其心矣大惡之
歸夫昌遁焉非齊孝昭帝演殂其弟武成帝湛嗣

之疑其非實使所親視之果然乃喜馳入嗣位未踰年改元胡致堂曰湛之處心積慮欲其兄之蚤死昭昭乎若揭日月而行吾誰欺欺天乎致堂此言其殆借以謂太宗也或曰太宗於太祖之妻開寶皇后宋氏殯諸佛寺不令諸侯爲之行喪於太祖之子武功郡王德昭使之驚懼自殺是果可以見其無兄之心矣至於不踰年改元恐未足以見其心乎曰春秋之義推顯至隱不有其兄之妻子其跡甚顯人所易知不存其兄之年號其意頗隱

人所難知正君子之所宜推而知之也或又曰德昭之死誠由太宗矣若乃與元尹德芳則是夭歿爾曰是孰知不由太宗哉予聞之邵伯溫云南唐主李煜以太平興國三年七月七日卒吳越王錢俶以雍熙四年八月二十四日卒此二君者皆既歸宋而膺官爵奉朝請於京師其卒之日則皆其始生之日也太宗於是日遣中使賜以器幣與之燕飲皆飲畢而暴卒蓋有以也久矣哉太宗之行詐也于德芳何有哉煜與俶且忌之而德芳惡有

祝子罪知錄

不忌哉德昭之死德芳之死與後此廷美之死其死之跡異而其死之因同無非太宗絕傳位之漸以終金匱藏書之事云爾同

又曰太祖之崩史載晉王離席遜避之狀與宋后母子託命之言學者多疑之而不得其說以予考之太祖蓋死於弒也第史臣不敢直書耳夫人之將死必眷眷於妻子此上智所不免也豈有大漸之夕而宋后不侍側德昭德芳不問安蓋必有屏之而不得見者矣此可知其弒者一也富室子將

三之三

死以千金之產遺其弟亦將感悼不已事嫂如母撫姪如子豈有受天下於其兄而其嫂殯於外舍其姪不得其死是何報兄之薄耶此可知其弑者二也太祖果挈天下以傳其弟吾知其爲弟必哀戚滿容不忍遽承今也不踰年改元惟恐開寶之號尚接耳目革命之際不是過矣此可知其弑者三也傳天下大事也非不可使人聞者也必將召集羣臣道揚末命使臣民共知之今也將相大臣不得聞宦官宮妾不獲近傳果何爲乎此可知其

弑者四也況以大位傳諸弟則其嫂亦將有德色於其叔矣何至愕然驚呼欲托以命此可知其弑者五也以此五者推之太宗欲逭弑君之罪其可得耶或曰近時文江劉文介公儼策貢士舉此事爲問當時對者謂太祖太宗友愛素著必無他故文介置之上第今乃謂太祖死於弑則文介之見非歟曰文介當景泰之末危疑之際其言蓋有諷焉是豈萬世之定論哉何喬新

又曰太宗用心之險也夫天子之子曰皇子諸侯

之子曰王子其名號品秩截然而不可易未有以其異日當爲天子而預稱其子爲皇子女爲皇女者也太宗卽位之初命秦王廷美尹開封而德昭德芳等皆稱皇子及德昭不得其死德芳相繼夭歿廷美殆不自安柴禹錫因上變以搖之遂貶廷美涪陵復其子爲皇姪女落皇女公主之號此舉特以愚弄其弟而已意者太祖之崩宗室王公必有竊議者太宗恐其因廷美以舉事也因以此非常不正之號而慰其心蓋使廷美知有次及之勢

而不動然後徐爲之計耳彼廷美愚人也以爲吾子爲皇子矣吾女爲皇女矣吾爲天子亦何疑哉及德昭不得其死德芳相繼夭歿乃覺其兄之意而不自安於是劉禹錫上變趙普進謀王溥等四十七人集議而涪陵之命下矣險矣哉太宗之用心也秦王在其術中而不悟卒之憂悸而死可哀也已同

又曰開寶皇后敵體先朝母儀四海是天下臣民之母也太宗當開寶之際蓋嘗北面朝之以今日

言之則嫂也以向日言之猶母也典禮儀章以送其終者豈可一毫之不盡哉今也后之梓宫不殯於内殿而殯於外舍不敢於寢園而敢於佛廬不使羣臣成服而怒侍臣之直言貶王禹偁知滁州太宗之於后何其薄哉予考太宗即位以來詔告多方戒飭諸臣無一語及太祖者賜酺之詔曰今四海混同萬民康泰蓋謂一統之業自我肇之太祖無與焉觀燈之詔羣臣曰朕躬覽庶政致此繁盛蓋謂太平之治自我致之太祖無與焉且太宗之天下

誰之天下與太宗之位誰之位與有太祖之天下踐太祖之天位且邈然無一語以及之則於后何有哉論者猶謂太祖不以弑崩夫亦過厚之論歟

同

又曰昭憲后命太祖傳弟蓋嘗求其故矣陳橋之變匡義與有力焉兄終弟及彼有心於神器久矣詎肯安於晉王而已哉母子之間必有密謀意者昭憲溺愛幼子亦如婁獨孤二后欲立常山晉王歟當是時太祖尚無恙也百歲後德昭德芳之壯

與否未可知也昭憲雖賢智豈能逆知身後之事
哉柰何以柴氏幼兒失天下而脅太祖也然則昭
憲之命葢出於太宗之謀歟太祖泣而受教特黽
勉從之耳非其情也故終身不立德昭爲太子亦
不立匡義爲太弟寢疾之夕召入寢殿葢將二三
德焉此所以啓宮人盡屏俄而上崩之禍歟同
演曰宋舊史以新史成不行於世新書未刻時學
子亦罕見人間節本諸冊獨見徽義二主謚美之
言爾迨劉公昉摘而論之其於二主可謂篤論識

卓義嚴超然扳類學者翕然信之論亦定已及程丘二氏忽有考論竭心力爲之以反劉說然而世有公是公非寧不定於一耶夫論事者識識有闇明斷義者心心有是非心識同得於天而異於巳明闇殊故取舍異是非一而巳矣天不以人移人亦不能移亦自不移是非不移者心不移心不移者天不移是非所歸豈人口牙能遷流乎故要之匡義旣不以弑奪怡然授受於徧也何故絕無毫髮慼荷復以何事反讎而有殺姪殯嫂諸事此在

童騃女狄能灼於衷亦何俟斧聲好作諸疑辨若程丘之云哉不然則徹事事厚弟義事事薄兄於人情當作何理推驗二主於今學者無與何厚何薄誰毀誰譽天理是非不能强移也法家遇事瞹昧不得以迹求者猶能原情定罪以傅於法法當則囚服囚非强服服於已心吏非强服之法用心立事佚於法不以心治之當何定乎於是爲吏若君任不治而已乎用心斷法天人之道也春秋誅意推見至隱必緣事以求意意此事彼必據意以

賞刑意之所在加之誅絕而不得辭是誠孔氏家法如程丘之說以劉億逆影響則必伺事迹大備史人書記繁縟而後定之耶如是又豈待於爾耶文不具則遂任不治耶春秋有親尊二諱宋人用之歐陽玄等闇劣不能燭而定之如是則何貴於學士何藉于六經文不具任不治狩河陽王果以巡遊許止弑買信同商臣乎杪周諸侯之迹各在其史春秋何事而作夫子不亦贅乎學士師孔子用春秋以經世曾不若一明法胥異哉二氏之言

也二氏必欲強故出大懟於論定誠何意與二氏以經史之學自任將矯異以爲高而弗顧天理之正人心之公亦何等爲心乎

又曰史稱匡義大有爲如許程丘共之及論改元便謂姑襲一時常制何立語不自點檢授審世所謂護短耳

又曰匡胤稱弟語與灼艾等事恐亦史家過飾欲益而彰之類爾不然胤無傳弟心作僞以欺毋與弟義得其情而遂事乎此舉與杜氏無稽之命茲

普反覆之機皆可叅得大率逆取之際兄弟既同
其謀自有如許僞態紛攘也

祝子罪知錄卷[illegible]

曾孫男世廉謹輯

祝子罪知録卷三

吴　祝允明希哲纂
王世貞元美校
閩　周爾發子祥閲

刺曰今世予奪古人多誤

説曰善惡分塗則褒揵貴别重輕殊貫則升沉尚審奈何中鏡弗拭他聲遂鳴遂至舍顔就蹠毁施譽矉若夫衡石失量尋尺錯度其猶可已乃亦蘭蕕倒目玄皓反呼謂之何哉然而假我兹辰踞其

昔地返聆回視索之玄扃未嘗不昭然發矇得其所處鑄鼎靜列鈞石誠懸神工灼而形彰法象用而力審物貌無遁皇衷乃安斯則知人之悊矩亦勸懲之弘術乎且寰區悠闊品務毛攢何勝檢尋姑引千一部判左右繪次丹青若事在兩疑行非一致消息挹注貫而齊之其諸周詳故有別製都凡旣顯彼可例求焉爾

伯夷叔齊聖也

說曰德與望旦殊形而一地正名扶極奠天地遏

亂賊功亦與乎民致太平者甲乙然無佐逆假撮
之咎故此爲聖而望旦不可也

系曰周之興二人相謂曰吾聞西方有人似有道
者試往觀焉至於岐陽武王聞之使叔旦往見之
與之盟曰加富二等就官一列血牲而埋之二人
相視曰嘻異哉此非吾所謂道也昔者神農之有
天下也時祀盡敬而不祈喜其於人也忠信盡治
而無求焉樂與政爲政樂與治爲治不以人之壞
自成也不以人之卑自高也不以遭時自利也今

周見殷之亂而遽爲政上謀而下行貨阻兵而保威割牲而盟以爲信揚行以設衆殺伐以要利是推亂以易暴也吾聞古之士遭治世不避其任遇亂世不爲苟存今天下闇周德衰其竝乎周以塗吾身也不如避之以潔吾行二子非至於首陽山遂餓而死焉若伯夷叔齊其於富貴苟可得已則必不賴高節戾行獨樂其志不事於世此二士之節也莊子

又曰嗟首陽之孤嶺形勢窟其盤曲云云忽吾覩兮

二老時采薇以從容乃訊其所求問其所修何務何樂而竝茲遊二老答曰吾殷之遺民者也厥胤孤竹作藩北湄少名叔齊長曰伯夷西伯昌之善政育年命於黃耉遂相携而隨之冀寄命乎餘壽而天命之不常伊事變而無方昌伏事而畢命子忽覲其不祥乃興師於牧野遂干戈以伐商乃棄之而來遊誓不步於其鄉余閉口而不食竝卒命乎山旁　杜篤首陽山賦

又曰天人革命絕景窮居采薇高歌慨想黃虞貞

風凌俗爰感懦夫　陶潛

又曰當武王仗鉞二公推忠臣之誠明死君之節伏車而諫慷慨瀝血武既爲王二公以立志貞也檢身操也以臣伐君不可訓也相於國莫非其土異於事不食其粟乃西上首陽之山歌采薇而死葢天下義感之始也及孔子生東周之季演中興法游夏之徒皆誨納於教未嘗叙仁人烈士不免於二公者焉謂不辱其身不降其志矣固君臣之分以愛其節繼之者忠矣仗之者義矣施之者誠

矣用之者確矣昭矣至矣韙矣允矣上古無以加
百代爲之憲梁卿升
又曰士之特立獨行適於義而已不顧人之是非
皆豪傑之士信道篤而自知者明也一家非之力
行而不惑者寡矣至於一州一國非之力行而不
惑者蓋天下一人而已矣若至於舉世非之力行
而不惑者則千百年乃一人而已耳若伯夷者窮
天地亘萬世而不顧者也昭乎日月不足爲明萃
乎泰山不足爲高巍乎天地不足爲容也當殷之

亡周之興微子賢也抱祭器而去之武王周公聖也從天下之賢士與天下之諸侯而往攻之未嘗聞有非之者也彼伯夷叔齊者乃獨耻食其粟餓死而不顧由是而言夫豈有求而爲哉信道篤而自知明也今世之所謂士者凡一人譽之則自以爲有餘凡一人沮之則自以爲不足彼獨非聖而自是如此夫聖乃萬世之標準也余故曰若伯夷叔齊者窮天地亘萬世而不顧者也雖然微二子亂臣賊子接迹於後世矣　韓愈

又曰天必從道道不由天其曰人乎哉大聖應千百年之運仁發於祥義動於瑞上聖帝也次素王也莫不應乎天地亘乎日月動乎鬼神或有守道以介死秉志以窮生確然金石不足以爲貞澹然氷玉不足以爲潔非其上古聖人不以動其心况當世富貴之士哉斯其自信乎道則天地不可得而應也嗚呼夷齊之志嘗以神農虞夏形於言由是觀之豈有意於文武者哉然跡其歸周從諫而死彼當求西伯也而得武王不曰得人乎既得其

仁而不取其諫則夷齊之死死宜矣太史公以其餓死責乎天道嗚呼若夷齊之行可謂道不由天者乎如不得仁而餓死天可責也苟夷齊以殷亂可平而臣於周則周召之列矣奚有首陽之餓乎若夷齊者自信其道天不可得而應者也天尚不可應況於人乎況於鬼神乎　皮日休

又曰列位於朝無言於君曰輔歟抗節於野有言於君非輔歟麟鳳龜龍王者之嘉瑞朝其庭乎暮其沼乎武王聖人也周公聖人也召公賢人也天

下三分以其二分以火殷辛且致夷齊之扣馬設
使盡天下之三分姑至殷辛之自火然若泰伯之
君吳則百穀合穎於舜耕九鼎同波乎禹珪仲尼
之又盡善也寧獨韶乎既而與諸則周之道首陽
之餓乃諫死黃滔夷齊輔周
又曰夷齊雙骨已成塵獨有清風日月新餓死溝
中人不識可憐今古幾何人司馬光
又曰遜國同來訪聖謨遍觀爭國誓師徒恥生湯
武干戈日寧死唐虞揖讓區大義克身安是餓清

竟有所未應無始終天地亡前後名骨雖雙此行

孤　屈延年

又曰仲尼聖人也於君臣之分有難言者其在聞韶則曰盡美矣謂武則曰未盡善也於書叙湯誓曰伊尹相湯伐桀泰誓曰十有一年武王伐商其稱二賢曰求仁而得仁又曰民到於今稱之則是二賢之於名教有大功也之於君臣有大義也微二賢之節微二賢之稱其如後世乎　邵必

又曰避紂窮居北海濱歸來端爲有仁人武王不

聽車前諫餓死西山志未伸　王十朋

又曰史談作伯夷傳難其善人而餓死擬諸顏跖之壽夭疑天理報施之非予謂武王以臣伐君二子爲萬世扶持名義故不食周粟而甘心餓死與回之夭不同故夫子曰求仁而得仁又何怨　俞文豹

又曰黄魯直謂二子諫伐好事者爲之說耳夫義抗白刃耻事周粟謂事不經見臧哀伯何獨見稱武王克商義士猶或非之不然二賢自海濱善養來歸苟周命維新明德崇義之世不知俯仰何所

愧怍困踣於兹山之下乎王惲

又曰從經懿操狎孤兒世事尤非扣馬時若道後人眞可誑空山焉有二賢祠楊奐

又曰絕粒當年耻事周死於仁義更何求首陽山下兩丘土能使磻溪釣石羞麗才卿

又曰二賢遜國之事輕而扣馬之志重去周之事小而耻其言不用之志大微二賢何以爲後之人臣者之戒也其有功於天下萬世孰謂其不在於斯矣嗚呼孔子稱周之至德曰泰伯文王也若二

賢不亦泰伯文王之心者與子曰不降其志不辱
其身求仁而得仁此之謂也又何怨張孟兼
又曰八百年周忠厚世首陽誰表墓前碑謝瑩
武庚孝也
說曰不遺父讐
管鮮蔡度公也
說曰從殷義士以復仇私恩弗靡大義求
管夷吾功罪不相蔽也
說曰行已爲智治國爲仁不死之愆瑜瑕一玉

演曰事力自懸德功亦別謚智允矣稱仁一道不得爲標

系曰蘇洵軾轍程頤朱熹元結諸言亦無必爾李德裕庶近之孟軻則過矣亦姝孔之一也大率仲人也如斯而已耳無事深求之

莊周總萬而一者也

說曰百氏之傑宣尼之輔可謂亞孔一人焉

演曰康懷逝而鴻厖靡三五作而聲明振波流逐委忠質與尚暨於蒼靈翳眛五紐散落道體隱沒

典章煙蕪俗乃猥亂言亦芬攘不有孔父大道斷絕人經滅矣是以先師遐尋廣覽總彙萬塗崇執正典獵涉蒭談翦截而綴維之截之以袪害維之以樹教終古馮從遂完斯世本仁祖義執禮和性持綱建紀正名誅亂粲然方策有舉卽行若夫大道本元冲玄眇窩或少及而不盡平生對問弟子君臣朋友隨事發述門人集論其語不越乎仁義禮樂與六經之旨契合皆道之具耳以爲上智不能衆下愚不可移滔滔萬古中人特繁修道爲教

是準是列彼其本體淵淵其淵莫究語言不大聲色幽樞閒敎芒緒可紬上知相逢不言而信故其語曰吾無隱欲無言日用而不知可使由之不可使知之中人以上可以語上中人以下不可以語上也子貢曰性與天道不可得而聞也所謂上焉不得聞焉非道之元也耶已而殷楹尋奠岐鳥不鳴皇典空懸代勢逾隤王澤枯涸民風澆扇道之所存英華隕而枝葉槁醇醪竭而租滓留亡幾何時千子坌涌驪雲蒸霧穰穰紛紛蒐裂汩悖倍繆

盍亂子休抱絕智之姿秉扳代之鑒燭皇初之禊緼洞萬有之末塵衡覞九域上玩百王噫嘻汰哉良不滿足其一矧然爲質過狂亦不及狷既不能爲夫子之修道亦不能忘情於痌時救過返本沉襟耿耿庸詎弗知夫道元希夷不可復見而不能不言言彼必妨此故須至於非唐虞詆洙泗庸詎知夫世術雕琢不返鴻濛而不能不用用極必大僞故須激於燒符壐破衡斗情非詆儒亦豈尊孔丘也孔子之言果以道爲完於教者巳乎是喪其

本矣以所不言非用世之教言用世之教者非道乎則二矣以欲無言者民不知者不可使知者不可語者不可得聞者止使令後知者勿述已乎是瞽之矣然而獨何爲而徒言乎斯也與獨何爲而不言乎彼也與嗚呼道裂矣語其初則奚救救裂之不給而釋救以從冥乎莊知之矣然而龜窔之道方成師教終世無復渝徙坑之弗加遏之無止莊亦知之道本自一何事異同然而孔布其末弗盡其初示其數弗盡其故不盡也者是莊之所惻

也人生而未世胚孕時以氣生血氣亦生而未穀以穀生生而青以藥生刺灼湯液、草石類人生而青而弗能穀也一乎藥藥亦生也穀亦生也穀亦生也青弗藥予之穀穀其死矣夫孔子之臨青也以刺灼湯液生之庸詎謂穀穀不生人也乎莊也庸詎弗知乎穀穀不生青也乎嘅乎惻乎人以一藥而弗覲乎穀穀之爲本也藥之爲權也而庸詎知夫三皇往而斯世其長痫也夫孔不言氣若穀穀時後也言而無庸也以時後不言而不言且絕絕而久都亡之矣而不日用不知不可使知不可得聞爲不若是引其緒示其囊括則爲二之也爲喪之也爲瞽之也巳故恒言者未不言者本莊知之矣惻之矣而謂其不言且絕言引而不繹示而不解亦昧而終亡故特言之而譊言之譊言之乃與孔若背莊庸詎知夫禮樂度數政令刑戮之爲藥也夫吾安得世口盡穀穀穀穀不巳青穀穀生本也惡乎得不言言與孔竝建世其無終昧無終亡矣此莊生之本趣也夫青之畤乎藥有絕穀穀矣令生安而

不青也而唯穀穀則覩藥也何物也何庸也何有也故莊語穀穀則惡得不痛訴藥歟語莫極則惡得不痛訴絕禮樂政事物度斗衡符璽之閒乎哉故孔莊一道也老列等盡然故言之貌也孔必違莊莊必揞孔孔必異莊莊必異孔言之心也孔必協莊莊必出孔孔必一莊莊必一孔凡今之語莊也庸詎知乎此也夫孔莊既往爲之者師孔或置莊右莊且惑孔典午諸子性識超峻其遇莊也若磁鐵若鱗水若翼以風然而弗知夫其本趨焉也偏得

乎其高玄妙勝也者豈是泪夷其中無復覔尋焉以知夫必藥以救世穀穀以保生一以泪夷者安而偏用之用以放身用以爲君臣用以攝民禦寇戎施張乖荒蹪踣蕩漂裁已殞邦爲稱自孔者擯笑悲夫今爲崇莊斥莊皆不知而爲之者嗚呼知莊也柰何夫子吾黨斐然成章不知所以裁之適稱莊之謂矣是莊之謚誄也夫莊後孔不遇裁不後而資超將受裁否與夫求不裁其仲鞅乎柴不裁其尾生乎由不裁其吳自二起乎師于不裁其

儀秦乎憲滅明不裁其黔牟之飼夫乎回不裁亦
冠七十其裁也能擇而服膺而佚於三月之餘也
甚矣孔之善裁莊遇受裁不裁不之知然而賜不
裁也將莊下莊裁將賜而上也與嚱莊今失裁亦
未之或知也然而假令遂亡其言老列等同且焉從識
本末之大統爍今古之變遷悟孔莊之不二而懲
晉士之參差者哉

系曰世之論莊子者不一而學儒者曰莊子之書
務詆孔子以信其邪說要焚其書廢其人而後可

其曲直固不足論也學儒者之言如此而好莊子之道者曰莊子之德不以萬物干其慮而能信其道者也彼非不知仁義也以爲仁義小而不足行也彼非不知禮樂也以爲禮樂薄而不足化天下故老子曰道失後德德失後仁仁失後義義失後禮是知莊子非不達於仁義禮樂之意也彼以爲仁義禮樂者道之末也故薄之云爾夫儒者之言善也然未嘗求莊子之意也好莊子之言者固知讀莊子之書也然亦未嘗求莊子之意也昔先王

之澤至莊子之時竭矣天下之俗譎詐大作質朴
並散雖世之學士大夫未有知貴己賤物之道者
也於是棄絶乎禮義之緒奪攘於利害之際趨利
而不以爲辱殞身而不以爲怨漸漬陷溺以至乎
不可救已莊子病之思其說以矯天下之弊而歸
於正也其心過慮以爲仁義禮樂皆不足以正之
故同是非一彼我齊利害而以足乎心爲得此其
所以矯天下之弊者也既以其說矯弊矣又懼來
世之遂實吾說而不見天地之純古人之大體也

於是又[redacted]其心於卒篇以自解故其篇曰詩以道志書以道事禮以道行樂以道陰陽春秋以道名分由此觀之莊子豈不知聖人者哉王安石

又曰譬如耳目鼻口皆有所明不能相通猶百家衆伎皆有所長時有所用用以明聖人之道其全在彼而不在此而亦自列其書於宋鈃愼到墨翟老聃之徒俱爲不該不徧一曲之事蓋欲明吾之言有爲而作非大道之全云爾然則莊子豈非有意於天下之弊而存聖人之道乎莊子用其心亦

工於聖人之徒矣然而莊子之言不得不爲邪説
比者蓋其矯之過矣夫矯枉者欲其直也矯之過
則歸於枉矣莊子亦曰墨子之心則是也墨子之
行則非也推莊子之心以求其行則獨何以異於
墨子哉後之讀莊子者善其爲書之心非其爲書
之説則可謂善讀矣此亦莊子之所願於後世之
讀其書者也同

又曰莊子善助孔子者要不可以爲法耳其言皆
實予而又不予陽擠而陰助之其正言也蓋無幾

至於詆訾孔子未嘗不徵見其意　蘇軾

陳湯甘延壽其武不失忠也

說曰虜公絕代皇我漢武利社乃專軍中不受迹

矯志順智哲材謂不隨有獲有孚在道展矣至忠

明功何咎

系曰更生之議允矣衡顯非也胡寅謂矯無小大

政以功量酌而見何謂無之

又曰奮不顧身決計出之可以孤軍取單于之頭

懸之藁街自漢擊匈奴以來未有能如此者而以

一切矯制生事謂之有罪而赦之不使有尺寸之
賞此天下皆知其不近人情而人不服也然使遂
厚賞之一不問其矯制如受命討伐而有功者則
亦不可夫所惡夫賞矯制而開後患者謂其功可
以相踵而比肩者也陰山之北凡幾單于自漢擊
匈奴以來得單于者幾人終漢之世一陳湯耳匈
奴五分其國而未嘗有二單于也其不可常僥倖
而立功者又寡少如此則既封湯乃著之令曰有
能矯制斬單于者無罪而封侯吾意漢雖欲再賞

一人數十年莫繼也惟爲説不明若擅興而有功
皆可繼賞故沮功之説所自而起使必如湯乃侯
五單于皆至是侯者五人而止何遽有要功生事
之憂哉　張耒

楊雄用懦以全忠也

説曰或云大姦如忠擬姦謚雄雄誠頴夫將師甯
公不善用愚不姦不忠沿履涉心不忠自愚愚自
懦懦自失榮

系曰評雄甚衆時于時奪皆求之過大畧諸人過

於賞朱氏過於罰罰亦未足蔽其罪也稍系近者
又曰雄仕漢遇莽新室之亂既不能去又懼禍乃
爲斯文以媚取容嗚呼君子仕以行道道不行則
行其節莽之不臣雄宜以君臣之義匡救之以行
其道苟畏其威愛其死則投簪以明其節詎有苟
祿偷生徇非飾詐廣引秦過以喻惡則是諗其篡
逆也與古之持顛危死名節者背而馳也或曰古
人臨危制變亦權道也雄知莽不可正故矯爲其
辭姑務脫禍亦權也曰不然聖人之權不失其道

未見捨其道而從權仲尼仕魯以桓子荒齊樂知不可正乃去之曾不聞矯爲其辭以求庸於魯也

陳黯

又曰雄非君子也周公以來未有漢公之懿也此雄之罪也夫謂葭爲麥大愚也謂鹿爲馬大姦也雄以其書僭經如兒曹之效老成賓主長者見之特一笑耳唯符命之作非大姦則大愚淸淨寂滅者爲之乎

鄭厚

嚴光姦鄙也時苗羊續姦貪也

說曰媢位之謂鄙樂賄之謂貪貪反廉鄙反隱三子方以廉隱著而反稱之可耶嗟乎非媢位媢名耳非樂賄樂名爾凡媢與樂皆其中誠利之者利之者愛戀仰慕求必得以遂所懷或利名或利貴或利富或利逸欲或利驕慢或利道德或利事功利之物殊利心一也利必欲得無所不至趨於姦矣如使非利而爲之則弗得而已矣吾中無損也必得之姦乃作焉無所不至矣今光苗續志廉志隱非利聲哉夫昌爲裘羊昌爲橫足昌爲斥相府

曷爲置犢必宣言曷爲不投魚於淵彼哉惟恐物
色之不獲也傲態不許也饋者百姓弗知也極可
爲爲之其謀果用是遂而聲由此起亦烏知明者
已隨閱其其奸也乎或以其詐之善猶愈詐惡盍
勿求備以少示勸噫凡善爲可以合道慊志益人
道焉耳令操三子心以行已大於此者將爲之能
必至壞皇衷賊天性禍邦家不可以不嚴辨
系曰余幼見方公希直論光大畧謂其過激加足
之事朋友且不可況君乎如范記謂徵光武不能

遂其高可矣謂微光不能成光武之大不然也今
檢集本不同豈刻者易之歟如苗之被誚則已多
元世祖謂不知其在任娶妻妾生子亦肯留下否
乃可發笑而理極當
謝安大雅哉君子人也
說曰弘毅靖定固然
系曰或謂舉姪奇勲是其僥倖終奕折齒爲其矯
情皆稱兒駭語爾
演曰艮止也動静不失其時其道光明安石以之

玄逸才也

演曰本自具辨孰爲俾致假力朱序故是童言

鄧攸子而不孝父而不慈人之獸也

說曰留姪豈必全兄捐兒已絕父母古之姦民先王必誅子曰其所厚者薄而其所薄者厚未之有也攸後內妾得甥因竟不娶絕嗣

演曰凡手及血屬要其君者必以爲身利如樂羊吳起利功與貴監刁利寵榮彼本甘爲小人愚不肖也何誅乎攸利在名與姦等爾人果稱之則攸

得其名集其姦而實則爲小人不肖矣天之蠹君子之賊可不誅乎

王珪魏徵不忠也

系曰不死建成之難害於義矣後雖有功何足贖哉 程子

又曰有謂二人王朝所命不得私死所事或援管仲相校皆不當理又謂三人所奉有兄弟之姝處之可有死否之異愈不協義今悉不陳 自語

徐敬業忠矣孝矣 駱賓王忠魏元忠不忠

說曰討賊復國唐之忠也勣黨武而業討之葢前人之愆忠孝偕也爲忠孝者亡料成敗春秋大居正論敬業者何用他尋張唐英之論是矣槩近於此不更系之

系曰懸紫帳中妖牝啼廬陵下殿黃臺西二三義士謀大舉揚州都督開三府勝兵一聚十萬餘山東豪傑爭相呼金華駱生哀六尺檄文一紙春秋筆帳前天授韜畧師韜畧不用將何爲空令玉鈴誇賊選魏郎劉郎雙桀犬楊維禎樂府

李白百俊千英萬夫之望又唐廷簫鳳
説日誚訐眞勇氣葢天下沈光蘇軾二豪之談雋
永矣璘逼脅徵按已昭何復牽累小夫沾沾駭矚
乎首鼠伸縮高其學弗定其人睹其狂無燭其道
悲夫荆工葠鏡于和寶槍化鵙長庚何有於爾曹
也子雲復作豈患捐玄故稍建芳標亦粲鋪霏雪
宮商之贊列在本條
系曰太白聰明才韻至今爲天下唱者業術匡救
天必付之矣致其君如古帝王進其臣如古藥石

揮直刃以血其邪者推義轂以輦其正者豈憑酒而作憑酒而作彊非眞勇太白既以誚詰矯時之狀不得大用流斥齊魯眼明耳聰恐貽顛躓故狎弄杯觴耳築其聰翳其明醒則移於賦咏使疏其聰決其明移於行事强犯時忌其不得醉而死生也當如骨鯁忠直遞有其人收其逸才萃於太白光

又曰太白狂士也又嘗失節於永王璘此豈濟世之人哉而畢士安以王佐期之不亦過乎曰士固

有大言無實虛名不適用者然不可以此料天下之士士以氣爲主方高力士用事公卿爭事之太白使脱靴殿上固以氣蓋天下矣使之得志必不肯附權倖以取容其可使從君於昏乎夏侯湛贊東方生曰開濟明豁包含弘大陵轢卿相嘲哂豪傑籠罩靡前跆藉貴勢出不休顯賤不憂戚戲萬乘若僚友視疇列如艸芥雄節邁倫高氣蓋世可謂拔乎其萃游方之外者也吾於太白亦云太白從永王璘當由迫脅太白識郭子儀而不知璘乎

蘇軾

又曰太白之事始而隱以俟命也中而仕以求用也終而退以全身也其文頌而諷以救時也僻而奧以矯俗也淸而麗以見才也 王禹偁

又曰太白以布衣入翰林旣而不得官史言力士激貴妃爲所沮今集中有雪讒詩大率載婦人婬亂敗國其畧云彼婦人之猖狂不如鵲之彊彊彼婦人之婬昏不如鶉之奔奔坦蕩君子無悅簧言

又云妲己滅紂褒姒惑周漢祖呂氏食其在旁秦

皇太后毒毐亦婬荒螮蝀在東遂掩太陽萬乘尚爾
匹夫何傷詞殫理窮心切理直如或妄談昊文是
殛味此詩豈非貴妃與祿山淫亂而白曾發其姦
乎不然則飛燕昭陽之句何足深怨洪邁
又曰唐治既極氣鬱弗舒乃生人豪上天之奇矯
矯李公雄蓋一世麟遊龍驤不可控制粃糠萬物
甕盎乾坤狂呼怒吼日月爲奔或入金門或登玉
堂東遊滄海西歷夜郎心觸化機噴珠涌璣翰墨
所在百靈護持此氣之充無上無下安能瞑目閟

乎黃土手搏長鯨鞭之如羊至于扶桑飛騰帝鄉惟昔戰國其豪莊周公生雖後斯文可侔彼何小儒氣餒如鬼仰瞻英風猶虎與鼠斯文之雄實以氣充後有作者尚視於公 方孝孺贊

演曰太白志操行事論者固多予以詳録集中自言及者左驗亦已甚著要之才識既高拔時世為赤誠激然至謂如或妄談昊天是殛其忠憤激烈摺骨湧飛血什伯於甫氣蓋且未論也且必言于君邪妃寵極盛難犯之際禍萌未作之時智勇二

端迴非衆及而甫特述於亂成之後其心與識相去亦遠學子見杜喋喋時事便以爲李忠義亞之世所謂眼前三尺光也靑蓮情見乎辭者難以盡録畧舉其目最明白者劉夜郎書懷贈江夏韋太守良宰一篇及雪讒詩外可參決者如詩懷示息秀才書情贈蔡舍人雄上崔相百艸章上魏郎中萬憤詞贈張相鎬寓言二首内周公貟扆之篇永王東巡歌贈王判官等可相覆察他篇傷今援古槩言立世樹聲之詞類見胸懷本趣又未暇究抑

公之言志寥寥耶存其亦欲千載之彥口而心之矣乎今拈起之頗近桐爨

又曰王安石謂李詩十句九句說婦人酒此兒童之見安石雖謬不至此恐非其語不求其所以說婦人酒者太白豈無故耶不然太白直一酒色兒曹耶此正是宋人捨李取杜一種癡見亦不足計

李德裕爲賢相爲正人爲豪傑

說曰藻第材物勢互異同或毀或譽必歸於一獨賛皇襍然不齊以吾鑒之亦焉用惑是爲繁稱焉

大歸三品無醜者矣夫其良趾時科傑之更傑〻千載一儁至乎心履操蹈勳猷機略風烈崖迅事必軼羣惟黨也者其過矣乎悲夫從親致孝賢者過之亦可憾也亦可弔也夫子曰我未見剛者夫剛也者與剛生褊矣凡美剛矣失褊也

系曰德裕制變御事之方裴度有愧然度務中和德裕矜才快意故多悔　蘇轍

又曰度與德裕皆賢相度以功名終德裕斥死度不爲黨德裕爲黨故也　范祖禹

又曰德裕傑才大功以不能忘怨而及禍耳　孫甫

又曰德裕是唐中世第一等人物其才遠過裴度錯綜萬務應變開闔可與姚崇竝立而不至爲崇之權譎任數使武宗之才如明皇之初則開元不難致其卒不能免禍而唐亦不競者特怨恨太深善惡太明及墮朋黨之累也　葉可蘊

韓偓歲寒之松栢社稷臣也

說曰凝霜返日版蕩誠臣悲夫士也醉其才華遂至忘其忠憤

楊凝式孝哉與忠偕行

説曰秉彝懿德貞心剛操顛風折楠梓幹撥條葉紛幹蠱之子克矣而未及不事王侯子曰甯武子其愚不可及也

系曰凝式雖仕歷五代以心疾閒居故時目以風子然言足厲俗智足全生正諫以直吏隱如愚豈特甯武子東方朔之流乎世知笑其佯狂賞其墨妙而不言其風烈挺挺　黄詔

又系曰偓事昭宗艱難中謀議明正力辭相位眷

眷於君卒忤全忠貶去而昭宗亦弒矣君子悲之
孔子稱志士仁人者偓有焉 陸粲
演曰有人心者爲君拜韓爲父哭楊
李筠劉鈞忠孝完矣惜重進之闇然
演曰姜漸序陳桱通鑑續編言桱書重進謀反以
明君臣之分葢以既受宋官且欲朝汴故爾予桱
以責備太過然將末減之無由也其拘陳思誨志
或未可知葢可哀焉史謂以移鎮興志弁入朝之
事恐皆宋人飾語

种放鄙夫

說曰患得患失的是斯人矜傲很愎浮躁貪汚淫侈暴横怙勢肆凶所謂無廉耻者異哉窮奇檮杌饕餮幷鍾匹夫

系曰眞宗召放拜官待以殊禮名動四海後歸山恃恩驕倨甚王嗣宗言放實空踈才識無以踰人專飾詐巧盜虛名陛下尊禮顯擢臣恐天下竊笑長澆僞之風且昔召魏野野避匿而放陰結權貴以自薦達因抉其陰事數條上雖不問而待之寖

衰 司馬光

又曰放責數嗣宗嗣宗怒手批其頰放乘驛訴之詔放徙居避之嗣宗去郡有贈詩曰終南處士威風減渭北妖狐窟室空嗣宗喜謂子孫吾死刻置墓旁甚爲榮也 呂希哲○宋咸王闢之王明清大略同

又曰放還山眞宗命宴餞羣臣賦詩贈行杜鎬獨跪上前誦北山移文一座盡傾上尤善之 王琪

又曰初放毋好道家言放阿其好終身不娶婦世以其能行人所難益高之屢薦不出張齊賢又薦

乃召拜大司諫賜名第什器四遷至工部侍郎卒放屢還山上輒爲詩置酒餞之昔堯起舜於畎畝位以司徒商高宗起傅說於巖野而位冢宰授受之際不嫌駭衆如此而功勳竟立豈藉虛名而誕後世哉竊觀眞宗特禮种放近世天子未聞也而放之行乃叛其初學以棄人倫爲難有君而無臣惜哉放既正已不足則其用舍行止之節曷議焉

王回

又曰放既隱操不終雖眷禮優渥然常憂畏其後

卒遭嗣宗之辱可爲輕出者之戒 陸游

又曰放以山林高士致名而以恩寵踰節傲於他人何以見其高哉所謂高者正在不榮逼不醜窮也一旦寵遇而滑撓其心則其爲怒也淺矣 王逵

張浚愚而好自用也

說曰浚志端名正忠盛才小識闇空踈脫漏乖張錯繆鹵莽偏忍褊愎佻躁自用皆其爲人之實也美惡雜焉以其美者可言而又加以時君之寵任爵位之極貴挾以道學之嘉名故舉世誦其忠贊

其賢一切匿置其惡而不爲之權衡至于後代而
尚紛紜亦可怪哉當時顯者稱之趨其勢畏其權
也隱者稱之附其名也後人何爲者哉今試取其
美惡而審校之爲孰多耶重耶孰寡耶輕耶昭昭
乎智不勝其愚賢不勝其不肖功不勝其過公不
勝其私如此當定其人何如者耶成敗又未計也
夫由其爲賢之在乎忠也故雖壞事誤國徒忠無
益而猶有似于賢者之過而竟爲賢不知其過而
入于不肖也亦由其賢之在乎忠也故雖壞事誤

國徒忠無益而猶有似于愚者之不及而無傷于賢不知其不及而亦入于不肖也是則要之總其一人之身賢愚不肖者襍焉而爲愚不肖者多人特以前之疑似不能決也于是遂至獨存其賢而恕其愚置其不肖亦可嗟也至其所最害者自用一[illegible][illegible]妄之本與其譸張道學籠絡浮虛馳空名貽實害而粉藻傳述以誤來世則公非不得移將消息一言以蔽之固無若夫子所謂愚而好自用者矣

系曰浚殺曲端士庶以端累立大功死非其罪莫不痛惜之軍士悵恨有叛去者史

又曰趙鼎言臣與浚如兄弟今以間而異當去帝曰俟浚還議之及浚與鼎奏辯復不悅帝多從浚鼎遂罷去同

又曰浚受委命之重而三將三敗者以量狹而不能下士智闇而不能知人故耳同

又曰逆亮就戮之初諸將不能渡淮而發一矢葛虜定位南北之勢復成立敵浚乃欲長驅以定中

原進退緩急皆兩失之吳敵

又曰浚素輕銳好名士之稍有虛名者無不牢籠揮金如土視官爵如等閑士之好功名富貴者無不趨其門且其子栻以道學倡名父子爲當時宗主在朝顯官皆其門人悉自詭爲君子稍有議其非者則目之爲小人紹興元年合五路兵三十餘萬一旦盡覆無一人敢言其罪直至四年辛炳始言之不過落職居福州而已酈瓊之叛公論沸騰言路不得已疏其罪幷逐言者及符離之敗國家

平日所積兵財掃地無餘乃以殺傷相等爲辭行賞轉官無虛日隆興初軍國大政莫如符離之役而實録時政記並無一字及之公論安在哉周密述何氏備史

又曰孝宗獨付浚以恢復之任浚當之不辭朝廷莫敢違浚素輕鋭時皆以必敗待之特不敢言耳及朝廷患之以唐文若參其軍周必大使戒浚勿輕舉浚極憾之卒以輕舉敗同劉氏

又曰近世修史本之實録時政記等參之諸家傳

記野史及銘誌行狀之類野史固難盡信若誌狀則全是本家子孫門人掩惡溢美之辭尤不可信如浚列傳所書刺客與蠟書二事乃附會韓琦岳飛事爾與其他軍潰酣睡等說皆淺近易見乃畧不量其是非登之信史欲傳萬代可乎同濶上閒談

又曰史謂時論以浚之忠類諸葛亮然亮能使魏延楊儀終身不爲異同浚以吳玠故殺曲端亮能容法孝直浚不能容李綱趙鼎而又沮之所以不及亮也陳槿

又曰去年殺趙哲今年殺曲端王家小兒造赤丸
鳳翔仇家炙人肝張宣撫西開都淫殺健將心何
如西人望端如望歳豈比馬謖誅當誅詐旗可以
走婁宿鐵象不能逃的盧于乎象兮象兮吾與汝
同死象兮象兮吾逝矣楊維禎樂府
又曰浚學雖正而術則疎謀雖深而機則淺丘濬
又曰揭傒斯以南渡之不能復歸其罪于浚蓋本
于浚抑李綱殺曲端引秦檜殺岳飛父子之故或
者不以爲非同

又曰按何彥澄家藏朱文公墨蹟云十年前率爾記張魏公行事當時只據渠家文字草成後見他書所記多或未同常以爲恨楊文貞亦爲之䟦觀此帖則史載浚事豈皆實哉葢史據實録實録據文公行狀浚之子爲世大儒此世人所以多爲之諱也同

又曰宗澤張浚皆稱中興功臣澤之事識者比之孔明誠無愧矣浚之勳義忠烈著于史傳者亦彬彬可稱然知人不明見事疏畧功所在過亦隨之

又以私憾殺曲端忌岳飛排李綱詆趙鼎則公爾忘私之心不及澤矣今浚得從功臣廟祀而澤不與焉何哉　盧格

演曰四朝史言符離軍潰公方鼻息如雷此是心學或曰方當大軍悉潰如是安在其爲心法乎謂戰者夫子之所愼又曰必也臨事而懼好謀而成殺傷奔迸浩穰滿目失律否臧如此而云酣睡不愼不律不謀不臧何其道學之獨異于孔子

許衡吳澄忠之蠹也趙孟頫孝之螟也

說曰裔夷之良佐諸夏之叛民王室之不才子也
行學文藝何有焉
系曰元以虜主中華士生其時不立其朝可也當
世所謂儒者食其祿居其官施施然與豺狼共處
犬羊同食如姚樞竇默等不足深責若衡澄二儒
能不惜哉或曰文中子云社稷有奉生民有主吾
君也元居漢唐宋之土撫漢唐宋之民承漢唐宋
之統君子出用少行其道亦可也曰不然自古夷
狄據中土若劉石苻姚慕容拓䟦宇文雖不能大

變其俗所以經國理民亦兼用漢法故綱常典禮未至蕩絕也元一循舊俗所尊崇者帝師所篤信者佛法惡知所謂道哉道莫大於彝倫彼則子烝父妾弟收兄妻臣逼君母恬然無怪況於典章與服之具乎儒者欲行其道亦惡得而行也顧不免棄玄端章甫而循椎髻左衽不幾于枉尋直尺歟昔崔游不仕劉淵辛謐不仕劉石君子深取焉嗚呼孰謂大儒者潔身全節反不若游謐哉何喬新　又陸容大畧同

又曰士君子所以異於流俗者知義而已士不知義雖有他美不足取也宋主華夷三百年蒙古窮兇以滅其國俘其君使藝祖仁宗不祀忽諸當時忠臣烈士毀家沉族而不忍爲夷虜之臣激於義故也況爲之宗室者當何如哉孟頫天潢之裔也舍生取義非首死敵以與孟錦與檡同遊于地下可也不然棲遁巖谷力辭徵聘以全其義可顧不知忘親事仇之爲非不以下喬入幽之爲耻北面仇虜拜跪匍匐于其庭珠帽貂裘日與羣酋相追

逐使人指而望之曰此故宋王孫也而孟頫曾不耻焉豈復知有義哉嗚呼宗社爲墟帝后爲虜誰寔爲之尚忍爲之臣乎天祥枋得之徒彼皆庶姓也爲誰而死而宗子顧可食其禄乎孟頫之罪于是大矣雖詞翰之工學問之博亦何足稱哉

又曰域中之后域中之臣事之也環海之裔非我類者自相區團從而蜂蟻去而獍梟吾何討之哉今也脱彼巢穴突吾明堂自號曰君誰之君哉弗克殄之又從而臣之非顛人也哉或曰古者或以

王人仕列國矣曰狄非諸侯也或仕隣域矣曰夏夷非楚晉也不然則夏悉夷矣曰今可知也烝姚嫂室后妃齊車服果不夷也哉哺其穀者祗爲之筦庫廛刑狗鼠斯裔夫五伯而已耳雖有黼黻塗犬羊之鄰吾不知其惡予存華力也夫子曰夷狄之有君不如諸夏之亡也以夷君而夏臣謂之諸夏之有君乎謂之夷狄之有君乎衡澄之學集類之文秉忠天挺樞默磐燧之徒之勳守敬之術曰才能者可矣曰名臣吾不知也自昔作元臣論畧

又曰惜其才者謂箕子陳範于華姓也夫胥餘抱道非賢誰昇不畀周則茲道萬世絶也孟頫非茲道已惜其世者謂三恪之類也夫虞賓在位三後守祧讓德王庭南面封國各有尊也孟頫臣伏而已孟頫才藝多爲吾儕師不可爲君臣之義爾自昔作孟頫論

又曰子昂覲元元主命作詩嘲留夢炎夢炎銜之且趙知嘲留而忘已其詞有狀元曾受宋朝恩狀元與宗室孰貴榮臣與祖考孰恩已甚于彼顛倒

錯亂爲詩時豈適醉夢耶　自

楊維禎斗筲之人也

説曰小有才不知道而當亂世浮躁淺露狂悖自
任爲士俠終一儇夫云爾

系曰禎于國初應稱一才矣其爲客婦詩不恭也
匪惟不恭亦大愚矣赫曦曜晨彗于宵者雖蹩必
作良師發藥痾于昔者雖殆且嘗吾向失足于醜
夷垂死得踐
聖明之庭亦大幸矣將遂厥私執小德欲欺大道得

乎哉彼自附於故國餘老爲貞媪者云嘻見金夫不有躬淫陪臺耳誰能汝容高皇貸厥誅亦俟其醜自詒于永代耳（自昔作維禎論畧）演曰禎文詞儇嚚鬼瑣與宋末等時人咊稱昧繆之甚（宋濂亦然尤繆）獨王彝以文妖斥之允矣

祝子罪知録卷三（終）

曾孫男世廉謹輯

祝子罪知録

祝子罪知録卷四

吴　祝允明希哲纂
王世貞元美校
楚　陳以聞無異閲

匿非近黨

韓愈

系曰愈晩年有聲樂而服金石藥見張藉白樂天詩愈嘗譏人不解文字飮而自敗于女妓戒人服金石而自餌硫黄孔平仲

又曰韓愈諫佛骨表其詞切直至云凡有殃咎宜加朕身上天鑒臨臣不怨悔坐此貶潮州而謝表云臣于當時之文未有過人者至于陛下功德與詩書相表裏作爲歌詩薦之郊廟雖使古人復生臣亦未肯多讓而責罪嬰釁自拘海島懷痛窮天死不閉目惟天地父母哀而憐之考其所言其意乃望召還憲宗雖有武功亦未至編之詩書而無愧至于紀泰山之封鏤白玉之牒東巡奏功明示得意等語摧挫獻佞大與表論不侔　洪邁

又曰退之譏服食必死而自餌硫黄親見大顛而後作答孟簡書似無特操者或者戲曰退之但立教而已可盡信乎此又可笑陳善

又曰愈論佛骨之說始于傅奕特敷衍其詞爾愈以人主無不欲壽者以此劫之兾從其諫耳不意憲宗怒之深也愈至潮州以表謝憲宗曰愈欺我但謂事佛則年代不永憲宗固不善聽諫然愈所論與周公無逸之戒大異同

又曰韓爲表慊慨激烈不以死生禍福動其心及

潮陽之行瘴海溟濛炎風酸攪向來豪勇之氣銷鑠殆盡其謝表中披訴艱辛眞有悽慘可憐之狀至於佛法亦復屑意答孟簡書云有大顛往來云云及造其廬并來時畱衣爲別文豹見宗門鏡要記公與顛問答疑其誕謾觀公此書似不誣也俞文豹

又曰退之詣京師富兒惟能醉紅裙然退之未是忘情者自有二妾曰絳桃柳枝又有詩云銀燭未銷窻送曙金釵半醉坐添春豈空飲文字者耶顧文

薦

演曰愈貧卓絶如彼奈何表語必事佛之不壽爲爾確覈乎以爲果然妄矣不知嘗試以言之欺矣姑劫君耶盖非勿欺善道于諫術盡無取與後來諫懿宗驪山事者同條宜憲宗之不聽矣既而憲之末年唐之祚不遽促絶如其言又啓後世之不聽矣何其不善言也後人取其事而畧其言非愼思明辨之道亦過矣

又曰愈以三書自薦時宰禮曰儒有席上之珍云

云論語云云夫子之求之也異乎人之求之孟子曰所就三云云愈之嗜進一至于此其于道義掃地矣而其言又躁忿遽非人之政治又欲朝廷因已之爵祿以誘致天下之遺才殊不知天下之士固有守道抱義者愈不由其道而往所謂與鑽穴隙之類其操履可知矣右用升菴劉謐語

又曰于頔陰蓄異志迫脅朝廷乃少誠元濟之流亞而頔爲相愈上書媚之稱其有聖賢之言行又稱其有德有言擬以商周之臣其諛佞不亦甚乎

同

又曰潮陽一斥周章惶怖遽奉書天子訊其封禪

意在貢諛冀脱其遷謫不思封禪二帝三王之事

愈平生自負謂能專明二帝三王之道善斥百家

不經之說安得纔遭廢斥遽自衰謬卽以秦皇漢

武事其君乎　同

又曰方士毛于姬者左道亂政者也愈方苦于斥

逐而于姬報之以喜兆乃作毛仙翁十八兄序且

曰兄言果有徵卽掃廳屋俟兄一日歡笑何其不

知命而易動搖也愈謂仙翁異人詆佛爲異端爲低首下心鞠躬屏氣以兄事異人何其無定守也

同

又曰黃陵二妃廟者非祀典之神也愈謫懼死至洞庭乃求祐於二妃及得還出財治其廟祀而爲詩以誌之孔子曰非其鬼而祭之諂也又曰丘之禱久矣夫君子求福不回愈何爲回耶求福如此旣詆佛爲夷鬼乃沁沁俔俔搖尾乞憐于婦人之鬼甚矣其不知耻也孔子曰鄙夫可與事君也與

哉既得之患失之諂于頔以取容是也苟患失之
無所不至矣愈之請封禪求仙翁禱二妃是也同
又曰黃璞作歐陽詹傳譏詹以娼婦一慟而死爲
不孝孟簡詩亦云後生莫沉迷沉迷喪其真愈作
哀辭又稱詹事父母盡孝仁於妻子蓋私其黨而
自欺也同
又曰愈答崔立之書欲求國家遺事考賢人終始
作唐一經垂之無窮誅姦諛於既死發潛德之幽
光孔子作春秋尚不自謂經稱經乃後儒尊之云

爾楊雄作太玄准易漢儒比爲吳楚僭王韓子何其僭也其所云云志欲爲史耳然答劉秀才論史書乃反怯而不敢爲謂不有人禍必有天刑何其勇于空言而怯于果作可笑也誠前所謂顛頓狼狽失其所操持而發兹狂妄耶同

又曰士居富貴而忌貧賤退之爲吏部侍郎與貧賤水火相去遠矣何以知之不禮于吕山人也山人既來之則安之不能安之而以書誚之况望餘幸乎顧諒

又曰校其聲色之好則與惟醉紅裙之誚戾金石之餌則與志李墓之譏者一服食以覬壽則與不能從學仙巢神山者反答孟書與顛交帑則與素諸闢佛之論背是其事事皆言行不相顧也謔浪博鞠諸事又不足評蓋本自性倨言輕氣不持重者至如表誓求加殃咎而不怨悔憲宗幸不誅殺稍置邊裔方至未久悔恨求哀乞憫之不暇至云死而不瞑且後獻諛貢佞頌功勸侈其辭縮恧卑屈畧無羞恥駢觀二表薰蕕氷炭居然二人蓋其

素無操執平日論言截截不遵詰難亢然自高既已習慣一旦試爲悻直沽名之舉不意即斥不能自恐醜態畢露雖謂之鄙夫患得患失者其亦莫能辭也已如其向時忠鯁嫺悌政事之良自不相掩

又曰張耒謂愈能文而不知道又以爲擇不精語不詳而徒于言者可謂善評然斥其空名虛位之說則未然也其曰道有君子小人而德有凶有吉亦皆聖人之意如易稱君子小人之道消息一君

二民二君一民孝經言皆在于凶德之類不可悉
舉愈於道固亦知之而未瑩徹凡其失正自以志
過而行不副氣輕揚而言不怍耳

陸贄

系曰德宗謂贄曰卿諸道饋送一皆拒絶恐事情
不通如鞭鞾之類受亦無傷贄上疏曰鞭鞾不已
必及金玉云云天子令宰相受賂此德宗之多僻
不受而已何必上疏此陸贄之賣直孔平仲
又曰贄文學政術俱高但忌才太甚如誣于公異

家行不修賜孝經一卷公異坎壈而死忠州之貶不無天譴也　趙德麟

又曰異聞集云德宗一日見侍女上問所從來曰故相竇參家奴因泣訴參死之寃上怒贄曰我重伊嘗呼作陸九脫伊綠衫便與紫衫着我使竇參方稱意須教我殺却伊平時嘗恨無權及權在伊手又却軟如泥團野史雖未可盡信觀其區處劉士寧爲李萬榮所殺事可見其卒于貶所或者殺竇參之報與　俞文豹

歐陽脩

系曰公爲叅政首議追尊濮王富公曰歐陽公讀書知禮法所以爲此舉者忘仁宗累主上欺韓公耳富公既求去出刺河陽自此與歐公絶歐薨富公亦不祭弔　邵伯溫

又曰脩鋭意言事如論杜曾家事逼父婢有子曾出知曹州即自縊死又論王舉正晏殊賈昌朝又凌景陽夔富人女賈有章贓魏廷堅踰濫三人皆廢終身如此類極多　王銍

又曰祥符以後凡天書禮文宮觀典冊祭祀巡幸祥瑞頌聲之事旦實爲參政無一不預官自侍郎至太保心知得罪于清議而固戀患失不能决去臨終乃欲僧服削髮何所補哉歐陽作碑悉隱不書此特張禹孔光胡廣之流耳　洪邁

又曰脩任河南推官養一妓時錢文僖爲留守梅聖俞謝希深尹師魯同在幕下惜歐有才無行共白錢錢屢諷而不之卹一日宴後圃客集而歐與妓俱不至移時方來在坐相視以目錢責妓云末

至何也妓云中暑往涼堂睡着覺而失釵猶未見錢曰若得歐陽推官一詞當爲償汝釵歐卽賦云柳外輕雷池上雨云云遂命妓滿酌賞歐而償妓釵咸謂歐當少戢不惟不卹飜以爲怨後脩五代史痛毀吳越又于歸田録說錢數事皆不美希白嘗戒子孫毋得勸人陰事賢者爲恩不賢者爲怨歐後爲人言其盗甥表云喪厥夫而無托携孤女以來歸張氏時方七歲内翰伯見而笑之云年方七歲正是學簸錢時也歐詞云江南柳葉小未成

陰人爲絲輕那忍折鶯憐枝嫩不勝吟留取待春深十四五閒抱琵琶花外壽堂上簇錢堂下走恁時相見已留心何況到如今歐知貢舉其題出通其變使民不倦乃云通其變而使民不倦賢良伯唱云試官偏愛外生而於是科場大閧皆報東門之役也錢世昭

又曰脩逆禮導諛反經妄議必欲致太后手書令帝稱親濮王爲皇妻並稱后使議果行則天位置之何所[redacted]屬之何人而仁宗之望孤矣旣爲范

鎮等所攻詆于公議遂譖鎮于上嗟乎脩既失禮
廢義不能反躬自責復設心如此其與教女妓陰
習人書改伊周爲伊霍者奚間焉雖論朋黨以扶
世道脩五代史以明治統何足以挽追崇濮事之
失哉若脩亦夏父弗綦逆祀而弗止者也孔子曰
治國無禮猶瞽無相倀倀乎何之脩之謂矣史斷
演曰歐好訐人閨門而爲人糾舉亦多以中冓如
子婦事記載甚多又甥女事更一端也妓遊之荒
更二也大率既位宰輔負一時極望公者以爲爲

之諱也私者畏其鋒而莫敢直也諸事必有必無亦未可遽定而當時昌言不一如此又豈皆憑虛而畧無一二情實者乎後學又以文宗歸之故到于今猶不能置議其間殆有甚于其生時者蓋後生膠固耳目惟恐犯不韙耳博學明辨當如是乎若其學術則尊濮一事公悖經典殆於小人之無忌憚他復何計情迹皎然彰明尚爲營護蓋覆其何理耶要之脩有才能文而偏傲淫放欺世自高本其凶德至于刻深險詖傾陷士類又由忮忌而

有之乃成大惡謚以俠狠猶未盡之况反譽耶休休之度正其所無視王旦輩猶不及欽若丁謂相遠幾何而論者以匹于范韓富公何其悖顛大冥之柢乎是

又曰歐公考塋瀧江阡永豐後奉母合塋作表塋後不復歸故鄉卜居潁昌前輩議其無回首敝廬之意後周益公歸休尹直卿賀詩云六一先生步吉州歸田去作潁昌遊我公不向螺江住羞殺青

原白鷺洲　羅大經

系曰永叔與謝希深田元均尹師衡在河南攜官妓遊龍門半月不返留守錢思公作簡招之亦不答　孔武仲

又曰濮議之始脩苟以濮王不當別議尊　則韓琦必不或異自此議啓于政府而羣言交攻惟修之歸咎謂其昔也贊仁宗以立爲後之子而今也導英宗以忘所後之父背先帝而諛嗣君薄大統而厚本生於禮經爲不合於直道爲不純而修遂無辭其責焉豈非久參大政當補相位略萌覬覦

之心遂爲迎合之計以至此乎及作五代史于晉[redacted]帝柴世宗之事皆反覆辨詰二主之非欲以表證其前日濮議之爲是近于欲蓋而彌彰矣劉定之

石介

系曰介始創爲闢佛老之説行之天下歐陽脩初未有是意而介力諭之遂相與協力盖同出韓退之及爲慶曆聖德頌遂偃然肆言臧否卿相不少貸議者謂元和聖德詩但奬用兵之善且時已異推憲宗之意而成之不害爲獻納豈有天子在上

方欲有爲而匹夫崛起擅釆予奪於其間乎孫復與脩亦謂不然　葉少藴

又曰介專以狂直沽激爲務人多畏其口有薦爲諫官上曰此人若爲諫官恐其碎首玉階　田宣簡

又曰歐陽公與介書言其石刻字怪譏其欲爲異以自高介答書皆謿辭至謂書乃一藝雖至于鍾王不過一藝已所學堯舜周孔之道不必善書歐叟之謂堯舜周孔六藝書字點畫曲直皆有説今直爲斜方爲圓而曰我第行堯舜周孔之道甚

不可也如納足于帽反衣而衣坐于案上以飯實酒卮而食曰我行堯舜周孔之道可不可也觀介答書其强項不服義設爲高議以文過拒人時方甚少不知後少悛否朱弁

又曰介作怪説二篇一斥老釋一專斥楊文公公文藻斂贍摛翰雲飛與王文正寇忠愍爲知己以道相許范公謂其有命世之才歐公稱爲一代文章之豪乃斥爲怪人豈理也哉同

演曰介怪民也言僞而辨行僻而堅聖王所誅自

本怪而更以世之常爲怪斯正理勢必然無足怪也其怪説謂神仙黄金術世皆必無而以漢梁二武爲徵不能窮其本抵而説其影響與斥楊同一謬謬論如此而時反重之蓋庸人眩其怪行而逐其虚聲無足論也大抵宋人之見皆爾

趙鼎趙汝愚

系曰鼎宗伊川之學高宗曰鼎遠過人但惑信册子上説話文豹謂講明義理别白是非則須學術酬酢事機區分利害必用世法文學政事孔門已

分爲二刺繁治劇固非沉涵章句者所能辨臨機制變尤非牽制文義者所能爲兪文豹

又曰汝愚當韓侂胄謀立寧宗時許事成日授節鉞既而僅遷觀察使侂胄謂汝愚不過蒙成乃自據相位專其功而置己于度外始有逐汝愚之謀汝愚覺之引朱熹等諸道學以自壯然宮中及一時之議皆歸功侂胄熹等屢白汝愚侂胄怨望甚宜厚賞酬其勞以大藩出之于外勿使預政以防後患汝愚不納劉弼謂侂胄趙相欲專此功日引

虛名之士以植黨君不但不得節鉞不免嶺海之禍侂胄恐甚於是其黨有推戴汝愚諸說汝愚竟貶卒而僞學之禁起在侂胄不足責而當時諸君子駁之亦失其道以致之也周密又葉紹翁大畧同

沒善近刻

柳宗元

系曰宗元等皆天下之奇材也一爲叔文所誘遂陷于不義至今士大夫欲爲君子者羞道而喜攻之然其人旣困矣無所用于世往往能自强以求

列于後世而其名卒不廢焉而所謂欲爲君子者要其終能自別于小人者少何議彼哉王安石

又曰讀其就桀贊而憐其志也伾文雖小人而欲因以行道故以就桀自比然學者至今罪之按順宗實錄帝自即位則疾不能言事皆斷于叔文而李忠言王伾爲之内主韋執誼行之於外又云伾主往來傳授劉禹錫陳諫韓曄韓泰柳宗元房啓凌準等主謀議倡和採聽外事此其朋黨之迹也其專權竊柄誠爲可罪然觀帝即位未幾而首貶

李實次罷宮市次禁毋令寺觀選買乳毋次禁五坊小兒張捕鳥雀橫暴閭里次停鹽鐵使進獻次出後宮三百人次用姜公輔蘇弁爲刺史追陸贄鄭餘慶韓皐陽城赴京師以出後宮併教坊女妓六百人繼罷關中萬安監不數月間行此數事人情大悅雖王政何以加此豈非子厚等爲之歟而世不之察徒罪其朋黨則亦見其不恕矣春秋之法不以功掩過亦不以眚廢德責備而言則子厚之罪在於附小人以求進若察其用心則尚在可

恕之域况一時之善有不可掩者乎　陳善

馮道

系曰唐明宗謂侍臣曰馮道純儉頃在德勝寨所居一茅菴與從人同器而食卧則芻藁一束其心晏如及以父憂退歸鄉里自耕耘樵採與農夫雜處不以素貴介懷眞士大夫也　孫光憲

又曰馮瀛王詩雖淺近而諳理若但知行好事不要問前程之類世雖盛傳而罕見全篇今並錄之

詩曰窮達皆由命何勞發嘆聲但知行好事不要

問前程冬去氷須半春來草自生請君觀此理天道甚分明又偶作云莫爲危時便愴神前程往往有期因須知海嶽歸明主未省乾坤陷吉人道德幾時曾去世舟車何處不通津但教方寸無諸惡狼虎叢中也立身世譏道依阿詭隨事四朝十一帝不能死節而余嘗採其所言所行參相考質則道未嘗依阿詭隨其所以免於亂世蓋天幸耳石晉之末與虜結釁懼無敢奉使者少帝批令宰相選人道即批奏臣道自去舉朝失色皆以爲墮於

虎口而道竟生還又彭門卒以道爲賣已欲兵之湘陰公曰不干此老子事終亦獲免初郭威遣道迓湘陰道語威曰不知此事由中否道平生不曾妄語莫遣道爲妄語人及周世宗欲收河東自謂此行若泰山壓卵道曰不知陛下作得山否凡此皆推誠任直委命而行卽未嘗有所顧避依阿也又虜主嘗問道萬姓紛紛何人救得而道發一言不啻活生靈百萬蓋俗人徒見道之迹不知道之心道迹濁心淸豈世俗所知耶余嘗與富文忠公

論道之爲人文忠曰此孟子所謂大人也吳處厚又顧文薦大畧同

又曰道以宰相事四姓九君議者譏其反君事仇無士君子之操大義既虧雖有善不錄也吾覽其行事而竊悲之求之古人猶有可得言者齊桓公殺公子糾管仲不死又相之子貢問之孔子荅之云云又曰豈若匹夫匹婦之爲諒也自經于溝瀆而莫之知也仲之相桓公孔子既許之矣道之所以不得附于仲者無其功耳晏嬰與崔杼俱事齊

莊公捋弑公而立景公晏子立于崔氏之門外其人
人曰死乎曰獨吾君也乎吾死也曰行乎曰吾罪
也乎吾亡也曰歸乎曰君死安歸君民者豈以陵
民社稷是主臣君者豈其口實社稷是養故君爲
社稷死則死之爲社稷亡則亡之若爲巳私而爲
巳亡非其私暱誰敢任之且人有君而弑之吾焉
得死之而焉得亡之將庸何歸門啓而入枕尸股
而哭興三踊而出卒事景公雖無管子之功而從
容風義有補于齊君子以名臣許之使道自附于

晏子庶幾其無愧也蓋道事唐明宗始爲宰相其後歷事八君方其廢興之際或在內或在外雖爲宰相而權不在己禍變之發皆非其過也明宗雖出於夷狄而性本寬厚而道以恭儉勸之在位十年而民以少安契丹滅晉耶律德光見道問曰天下百姓如何救得道顧夷狄不可曉以莊語乃曰今時雖使佛出亦救不得惟皇帝救得德光喜乃罷殺戮中國之人賴焉周太祖以兵犯京師隱帝已沒太祖謂漢大臣必相推戴及見道道待之如

平日太祖嘗拜道是日亦拜道受之不辭太祖意沮知漢未可代乃立湘陰公爲漢嗣而使道迎之於徐道曰是事信否吾平生不妄語毋使我爲妄語人太祖爲誓甚苦道行未反而周代漢簒奪之際雖贊育無所致其勇而道以拜跪談笑却之非盛德何以致此而議者黜之曾不少恕甚矣士生五代立于暴君驕將之間日與虎兕爲伍棄之而去食薇蕨友麋鹿易耳而與自經于溝瀆何異不幸而仕于朝如馮道猶無以自免議者誠不恕哉

蘇轍

善善過短

白居易楊億徐鉉寇準

説曰樂天忠鯁委順大年忠亮清介鼎臣冲直忠誠世獨稱其文爾準人品高絶時輩獨以天書一端自累隋珠芥類和玉點瑕論者亦不失倫謂不及王旦輩則誤矣

系曰億在翰林丁謂初叅政事億語同列曰骰子選耳何多尚哉未幾歸陽翟别墅 王琪

又曰王欽若罷相出知杭州人皆以詩送行獨億不作詩於上前眞皇遣近侍諭旨作詩大年竟不作張舜民

又曰億雖以詞藝進然理識清直不爲利變章獻寵冠妃御有諷億使上言請升配宮壼則可致身二府億深拒之初議封禪億又諫止遂被讒田宣簡

蘇洵軾轍

說曰三蘇皆具超代之才蓋世之氣博極之學並雄于文而軾特豪宕洵轍砻遂由其浩博邁亘古

也故其諧道中理昇人心當事機者不易及亦由有是數者而有偏逐肆騁盭道戕理過於人情物則者焉士也以其不可及者宗仰焉而并含藏其不合之作是弗可矣或以其過詖者厭憎之而遂將一棄其是者亦弗可矣此謂其言然也當時與後世士之於軾也譽非所譽譽其小而遺其大毀非所毀毀其小而遺其大忠君澤民風節峻潔其善之大也文學一藝小也郊議蔽上遂非過之大也聲色謔浪與程黨事小也如以其行軾之大閑

高矣小德無庸紛紛父弟不可班也惟最誤者合
郊之談兄弟比周至作計掩覆要君遂非斯平生
之累也党事蘇程得失庸鉅非魯衛而齊楚者近
時有檮杌之誣乃黨之遺孽

系曰軾謁司馬公公與論事語言不窮軾謂公曰
告相公少住教誨之言容軾道幾句公大不樂更
不復語呂希哲

又曰蘇明允本好言兵見西師久無功因挾所著
書來京師王安石獨不喜之乃作辨姦韓魏公爲

樞密使士卒驕惰欲陰圖以計裁制之明允遽爲書顯載其說且聲言教公先誅斬公大駭謝不敢再見而微咎歐公富公當國亦不樂之故久之無成而歸葉少蘊議三蘇者尚多不具述

惡惡過長

韓侂胄

系曰紹興秦檜主和王倫出使胡銓請斬檜時皆偉之開禧侂胄主戰倫之子柟復出使竟函韓首以請和是和者當斬戰者亦不免死一是非果何

如哉蓋孝宗銳志恢復侂胄習聞且值金虜侵微於是患失之心生功名之念起殊不知時移事久茂陵乃守成之君無意茲事任情妄動自取誅戮宜也身殞之後衆惡歸焉其間是非亦未盡然多私讐者撰造醜詆所謂僭逆之類悉無其實　周密

李煜

說曰不死罪矣亦圖爲孝而不遂遂至負冤殞族哀夫以小事大亦有一道時人獨責煜哂煜不已而不責匡胤匡胤果賢於煜乎此是國人之語而

無辨之者錢俶輩則靡矣

譽之不盡

范希文司馬君實

說曰二公才德備全表裏純瑩幾於聖矣

著而不揚

歷代史忠義傳不復備列亦稍有淺深純駁大行

立矣

柅跡不原

李陵宇文虛中

系曰虛中在虜作三詩有曰鏌邪利劍今安在不斬姦邪恨最深又曰人生一死渾閒事裂背穿胷不汝忌又曰不堪垂老尚蹉跎有口無辭事奈何又曰倚伏循環如可待未愁來日苦無多此乃始陷虜時作所謂一死渾閒云云豈李陵所謂欲一效范蠡曹沫之意乎後虛中仕金得其柄令南北講和太母獲歸往往皆其力也近傳其年八月間果謀作蠡沫之事欲挾淵聖以歸前五日爲人知變虛中覺有異急發兵直趨虜主帳下虜主[redacted]

不得脱遂爲所擒嗚呼痛哉實紹興[redacted]丑也施彥執

曲陷不聞

盧多遜

説曰宋人咎盧比廷美與趙普廷美之事不易言也今果有之匡義可攘匡胤之位廷美不得討匡義而繼先君乎此亦一道然猶近乎因以爲利盧誠佐之尚當可否之間也廷美無故而匡義謀戕之因引盧以就事盧也完然無毫毛之辜

系曰多遜得李穆容州未渡巨浸忽見江南李

主衣冠如平生問云相公何以至此多遜云屈後主云汝屈何如我屈由是感疾而殂王明清

祝子罪知錄卷四終

曾孫男世廉謹輯

五

祝子罪知録卷五

吳　祝允明希哲纂
王世貞元美校
閩　周爾發子祥閱

刺曰趙普叛臣

說曰普旣助匡胤之篡又助匡義之篡痛絶匡胤之後窮致盧氏之辜助胤叛周也助義叛胤也事朕大明何勞議擬昔樂羊殺子君爲不可托孤普視殺主之子如草芥背主之約如仇讐匡義燭之

德而不罪宋人爲國諱惡但譽其政業而加飾之政業二三蟻封也大惡丘山也後人非徹義臣子非普家奴何諱之有尚隨曲鬼之繆顛乎

系曰普一日召錢惟濬謂曰朝廷知盧多遜求取元帥財物甚多今未亟行者爲元帥官也請具所遺之物列狀上之辭意重疊冀在必致惟濬歸白其父俶俶曰上有行遣卽自行何假吾狀惟濬等懼普堅請曰逆侍中意恐致不測俶給令取所與大臣物藉密焚之謂惟濬曰吾受上恩上所顧者

以金帛爲土物非他求爲上官也侍中亦有之亦有見人將溺而又加石乎後果知其事非太宗意也錢惟演

又曰河南府歲課修内木植或不前俾有司督按乃曰爲趙普修宅買木所分有旨候普宅了上供張舜民

又曰普兩京起第外門皆柴荆其後園亭榭制作雄麗見之使人竦然太祖幸洛初見柴荆既而觀堂筵以及後圃哂之曰此老子終是不純同

又曰雷德驤言普被貶其子有隣訴寃鞫得其實出普知河陽復德驤官擢用有隣後普復入相德驤乞致仕太宗曰朕終保卿必不爲普所擠吳處厚

又曰兩主開基先早圖判官作宰太模糊嘗論本是興王典只恐胸中一字無岳正

又曰普佐成帝業元勲也然迹其行事而察其心乃刀筆之猾胥市利之小人耳夫昭憲遺旨有無不可知使審有之普當曰先后顧命不可違陛下當傳秦王及德芳以慰后在天之靈使無是命當

曰先帝創業艱難不可使其子不得享之異日神器當授德芳乃曰太祖已誤陛下豈容再誤是何言之謬歟得非普追憾太祖罷其相位而進是說歟且普亦思太祖所以罷己者乎夜幸其第嫂呼其妻帝之恩禮何如南唐白金吳越海物命之受而不疑帝之恩禮何如奈何以末年顧命之薄圖今日樞軸之寵喉奸人以告變進邪說以逢君知利而不知義顧身而不顧國此猾胥之所爲豈大臣之道耶嗚呼普眞小人哉何喬新

又曰普謂以論語半部佐太祖定天下以半部佐
太宗致太平何其言之不作也考之於史普之相
太祖收藩鎮之權遲幽薊之伐而已其相太宗也
上彗星之疏諫北伐之書而已其於論語所謂四
代禮樂之制五美四惡之說蓋蔑乎其未之及也
至於營邸店以規利不可謂之廉市巨材以治第
不可謂之儉誣馮瓚李檝等以快私意不可謂之
公意圖再相則媒蘖廷美之過追怨先朝則進不
可再誤之說以若所爲果取論語何章乎史稱普

每歸私第闔户誦書次日臨政處决如流嗚呼昔特借聖言以資説而掩其不學無術之迹耳果何得於身心哉同

刺曰王安石姦臣聚歛之臣

説曰論安石者繁甚亦繆甚余舊有論系之

系曰王安石與神宗論虐政殺天下人鋌艾國脉斲割蒸黎三數十年令子孫斷骨荒漠喪邦之半遂以終姓人盡知自六賊檜賊似道賊而誅之安石首惡渠魁特與末減吾不知人之心天之理何

故亡也彼哉昧夫錄其苦節之詐文學之細將遂蔽其元惡歟噫亦其兇醜死而猶崇此昧夫也歐陽玄等又宋人已然夫其言僞而辯行僻而堅二語正安石之科條也以安石觀於是何如少正卯孔子誅少正卯不誅安石乎安石幸免誅其身名曷不爲誅少正卯士不爲非不非誅少正卯不非不誅安石是何据裁也哉安石殺人與衛鞅等其才在文學豈及衛鞅鞅不以才賍罪寧獨得以文賍安石以才減安石猶之刀微有刻文又假曰斯姬發之輕

呂魯之孟勞云謂可妄持殺人無罪戾也今夫酏者必内諸醴或内諸殽安石以文學殺物是醴殽而酏一殺物已猶曰雖殺吾猶愛其爲醴酒嘉殽且微其惡聲非心風人歟噫何顛冥不靈也如是

附註誅六賊不誅安石誅徽欽不誅神宗何無度數也

又曰安石非志殺人期爲聖臣以君爲聖矣世聖治也神宗亦將從之爲聖君皆行之而戾焉爾夫行之而戾則不可已然而何以必行之安石意獨欲名爲臯夔稷契姬旦神宗獨欲爲堯舜武王而

已矣遑恤乎殺人亂國也歟哉然而神宗初望以蜀主唐宗望安石諸葛亮魏徵信能攺過遷善爲二君二臣斯嘉已安石一自墮神宗一墮於安石終底於惡歸神宗爲愚安石爲不肖哀夫可勝誅乎哉同

又曰傳記小說聞述安石事者繁甚不可勝舉此畧記書目一二覽者博取互參之可以悉見本末

旁證　溫公涑水紀聞　邵伯溫聞見録　邵博聞見後録　蘇轍龍川畧志　孫升談圃　李氏

道山清話　晁氏客語　彭乘墨客揮犀　方勺泊宅編　朱弁曲洧舊聞　范公稱過庭録　張邦基墨莊漫録　俞文豹吹劒録　趙彦衛雲麓漫抄　劉宰漫塘隨筆　趙與時賓退録所載陸九淵記尤繆　愛日齋叢抄　羅壁識遺　何喬新椒丘集偶舉數策不遑詳盡

又日安石日録八十卷凡舊德大臣不附已者皆遭詆毀論法度有不便於民者皆歸於上可以垂耀後世者悉已有之盡出其壻蔡卞誣罔其詳具

載陳瑩中四明尊堯集　周輝

又曰宋四朝國史安石傳史臣曰嗚呼安石託經術立政事以毒天下非神宗之明聖時有以燭其奸則社稷之禍不在後日矣今尚忍言之哉天變不足畏祖宗不足法人言不足恤此三者雖少正卯言僞而辯王莽誦六經以文姦言蓋不至是也所立幾何貽害無極悲夫　趙與時

今按此論甚當今世行新史而罕見此故述之又王偁東都事畧亦大同惟與時所載陸九淵記不當新史所論全用朱文公語竟無折衷可笑

演曰王安石眞聚斂以文學而恕之韓侂胄一貪鄙蠢夫使至甚乃盜臣耳曾子曰與其有聚斂之臣寧有盜臣此已甚明權衡何失乎

刺曰程顥朱熹經師君子時之賢人或稱過之更以疑累

說曰二子傳經之功固大矣然經師授受自漢唐來註之疏之其力勤矣若非鄭王二孔之徒講明討究纂述紀載付畀演繹日加月益寶之如性命守之如家業歷百千載程朱雖上智之賢亦何從

而得之孔子曰我非生而知之者好古敏以求之者也先師固誨學者云爾豈虛言哉即如六經之文亦夫子信古而傳述者幸而漢君求索表章諸儒踵生訓釋至於三國六朝唐代諸師宋儒皆輕侮之而其闡明經傳業纍纍不絕至於宋代憲章具存程朱乃得就其中或加標置或爲分非之或少有潤益如取大學中庸孔孟而曰大學教人之法子思憂道之作如分析心性情才之名而各有統攝謂學者必先小學而即及大學以爲學之始

終抽論語進孟子與孔之二篇以爲四書若是之屬所謂標置者也先儒之說取爲本抵或有異同去彼取此以成其一家若是所謂分北者皆因其有而加之力也惟性添氣質之類有異亦未審的爲夫子之旨否謂先儒之輔可也謂與先儒並可也謂先儒之駁者不及其精時有過之與之上下亦可也必以爲集大成都廢前烈前無古人後無來者後百千年一守不遷不知可不可也抑不知果能如所望否也又不知後有起而標置分北潤

盖之亦如今之於昔人者否也此以其學言也如其行則道其善者滿天下言其不善者亦有之自二子來世無治亂位無上下士無智愚賢不肖歸之如尾閭之水吾何敢犯不韙以一葦嬰之所聞似與我心同然偶得今昔者取其一二系之并當時疏牘所列學者一以爲誣而不辯證明白者尾焉吾黨愼思而明辯爲之忠臣豈不可乎或果有白玉之微瑕賢智之太過亦何傷於二子而無必漫爲籠罩之語更似啓疑與辯也女叔寬曰衆之

所爲不可奸也愚誠犯衆亦願就有道而正焉耳
系曰哲宗御講筵手折一栢枝玩之頤奏不可哲
宗即擲於地終講不樂太后聞之歎曰鬼怪壞事
呂晦叔亦不樂曰不須得如此李氏道山清談
又曰朱元晦按唐仲友事蓋唐素恃才輕朱而陳
同文頗爲朱所進與唐每不相下同文游台掌狎
籍妓囑唐爲脫籍許之偶郡集唐語妓云汝果欲
從陳官人耶妓謝唐云汝須能忍饑受凍乃可妓
聞大恚自是陳至妓無復前之奉承陳知爲唐所

賣亟往見朱朱問近日小唐云何答曰唐謂公尚不識字如何作監司朱銜之遂以部內有寃獄乞再巡按既至台適唐出迎少稽朱益以陳言爲信立索郡印付以次官乃摭唐罪具奏而唐亦作奏馳上時唐鄉相王淮進呈上問王王奏此秀才爭閑氣耳遂兩平其事詳見周平園王季海日記而朱門諸賢所著年譜道統錄乃以季海右唐而并斥之非公論也　周密

又曰唐與朱素不相得至於互申壽皇問宰相云

云與上同唐春官奴嚴蘗奴文公捕送囹圄提刑岳商卿行部行决蘗奴乞自便憲使問去將安歸蘗奴賦卜筭子云云使笑而釋之予謂楚則失之齊亦未爲得怒於室而色於市蘗奴何辜而遷怒焉俞文豹餘尚多大畧同

又曰朱欲摭唐罪遂指其嘗與蘗爲濫繫獄月餘蘗雖被捶楚而一語不及唐然猶不免受杖移籍紹興且復就越置獄鞫之久不得其情狀吏因好言誘之曰汝何不早認亦不過杖罪況已經斷罪

不重科何爲受此辛苦耶蘖曰身爲賤妓縱是與太守有濫科亦不至死罪然是非眞僞豈可妄言以汚士大夫雖死不可誣也其詞旣堅於是再痛杖之仍繫於獄兩月之間一再受杖委頓幾死然聲價愈騰至徹阜陵之聽未幾朱改除岳爲憲憐其無辜乃判令從良同

又曰朱之劾唐上將責唐王以唐自辯疏與朱章竝取旨上未知其孰是王但微笑上固問之乃以朱程學唐蘇學爲對上笑而緩唐罪後朱之子在

邇媚時好遂䧿法從視其父忤淮異矣程源爲伊川嫡孫鬻米臨安無憀殊甚有教之以干當路者著爲道學正統圖自考亭之後勦入當路姓名遂特授初品遷至寺丞程朱皆掃地矣葉紹翁

又曰朱子以紹興十三年卜葬其父喬年於崇安之五夫里後二十七年爲乾道五年其母祝夫人卒朱子卜得兩地而欲兩承其吉乃於明年五月遷父於白水里鳶子峰下而葬母於建陽縣天湖之陽兩墓相去一百里而爲文以記之愚謂易重

咸恒禮嚴夫婦故婦人非出非嫁未有不得與夫合葬者詩云死則同穴萬世不易之常道也朱子惑於風水之說而使父母體魄遠離神靈相失是豈心所安乎後世篤信不疑一切覗效凡父母終必欲兩占吉地以求福致使獄訟紛紜亡身喪家而終不悟其非也吁亦蔽哉盧格

又曰朱子作感興詩二章論仙與佛愚謂仙佛皆方外之教有則俱有無則俱無朱子謂佛無而仙有注參同契以貽後人近世士大夫藉爲口實攜

丹鼎延方士廢人事而不脩至有多買少艾爲基煉者苟以正道闢之則曰爾賢於朱子乎夫長生美色人人所欲固非朱子教之特不當助其瀾耳同

又曰鄭玄有論語註而集註絶無其名氏默而識之註云前說近是君子學以致其道註云二說相須前說二說伊誰之言歟大學知止一段或問與章句不類中庸十三章總註與本文相悖則知本文章句非朱子之註卽此而推皆可見矣夫諸儒

忘餐廢寢沒齒註書亦欲嘉惠來學垂名來世朱子集其言而不著其名聲迹泯然無復可認或曰集言不必人曰不然亂治也書馬氏此句在下誤重在此書鄭氏惟辭義精深者乃不書氏爾吁一儒有功諸儒盡廢廢者有知寧不痛恨耶吾非陰厚諸儒公而已矣同

又曰或謂所論朱子集註不備著諸儒名氏愚聞朱子初編論孟集義中庸辯畧等已備載諸儒之言而錄其名氏又有或問以辯其得失即諸儒固

不患於無聞矣集註不過節其精要之語以便學者之誦習其不詳録者蓋省文耳非沒其善也答之曰論孟集義中庸輯畧世既不傳無憑質對若夫集註章句集傳諸書凡無愚按者疑皆諸儒之言朱子既不備列諸儒姓名於篇首立爲凡例而章下姓氏或書或不書聲迹隱然無復可認至於音釋衍誤一氏不遺如陸氏曰一作乎吳氏曰亡與無字通用胡氏曰子曰疑衍文陸氏曰瓜作必程子曰親當作新孟子曰張鄒皆云衍文也之類固非楊善亦非省文也如鄭康成有論語註而通篇不註鄭氏

子路宿于石門鄭玄註云石門晉城門外朱子改作地名蓋欲小異耳然有晨門則非地名矣又云柳下惠魯大夫展禽食采柳下謚曰惠朱子改作食邑寧若食采之爲當哉他如巧笑倩兮黙而識之子見南子子温而厲亂臣十人周有八士君子不以紺緅飾君子學以致其道等註皆不註名氏

有大學註而止書命鄭氏作慢有中庸註而止書鄭氏曰此句在下誤重在此三節或問惟說鄭本亦不顯言鄭註又如趙岐專註孟子陳臻問兼金章高子問小弁章孩提之童睟面盎背皆用其註而不書其名似茲隱没難以遍舉詩經用毛萇鄭玄等註尚書用孔安鄭玄等註楚詞用王逸等註多不著名氏夫諸儒嘉惠後學亦欲垂

名後世朱子獨專其功諸儒泯於無聞非至公至當也吁漢唐諸儒直是說夢孰知天下後世盡讀說夢者之書哉眞本若出不說夢矣同○按陸九淵嘗曰人謂唐無理學然反有不可厚誣者此亦當時之公言因附見之

又曰或問朱子語類中有可疑者如譏漢唐諸儒說道理者直是說夢如何曰諸儒註解經書推明義理皆有功於聖門者也特其不知性之爲理而以氣質當之一字不明幾於說夢吁孔子非漢唐諸儒亦豈以氣質爲性耶稱秦檜之有骨力如何

曰賊檜窮凶極惡非骨力也冀都好風水如何曰南宋山西屬金朱子疑未到也云云或曰天下皆宗朱子子獨明其未盡然者竊恐語聞於朝或得罪奈何曰天下宗朱子謂其明孔子之道朱子註傳中頗與孔子不合甚至教學者莫看孔易幾於悖矣今所辨論無非推明孔子之道不應空受僭妄之責云云 同

又曰朱子謂岳飛亦横且飛誓心天地唾手燕雲忠憤激烈與孔明同而戰勝攻取殆為過之天不

祚宋千載痛心朱子目擊其冤所言若此何耶同

又曰晦菴家墓乃觀溪山向背而自爲之嘗言山間沙開子孫當入朝景泰間召其九世孫挺爲五經博士其沙忽被水開其驗如此陸容曰按此雖記文公之前知然其爲之也豈無意於後之利達歟若以盧格之言參之尤可歎也

演曰當時詆程朱之言具在道命録今不縷列惟沈繼祖論朱之疏最甚大畧謂其事魔廣徒以規名利已且富貴令毋飡粗毋每以語人又赴鄰招歸謂朱彼亦人家有此好飯累召不行而監司郡

守招之輙往蓋辭小而要大及朝至而夕饋耳有
連姓者書責之而朱無以對孝宗之葬欲官蔡元
定及附趙汝愚而請改卜以誤國及升經筵取次
對旣用恩例封贈父母奏薦子弟換易章服乃佯
辭免豈有以職名受恩數而却辭職名玩侮朝廷
又信元定之説謂建陽縣學風水有侯王之兆欲
得之儲用逢迎以學與護國寺兩易爲朱他日可
得之地絞縛聖像手足墮損又曰欲報汝愚援引
之恩則爲其子崇憲執柯娶劉珙之女而奄有其

身後巨萬之財又誘尼姑二人以爲寵妾每之官必與偕行謂能修身可乎冢婦不夫而自孕諸子盜牛而宰殺謂能齊家可乎知南康則妄配數人而後爲改正帥長沙則還詔赦而斷徒刑者甚多提舉浙東則多費朝廷賑濟錢米盡與其徒而不及百姓謂能治民可乎又據范[illegible]祖業之山以廣其居而反加罪於其身發掘崇安之手父母之墳以葬其母而不卹其暴露謂恕以及人可乎男女婚嫁必擇富民以利其奩聘之多開門受徒必引

富室子弟以責其束脩之厚四方饋賂踵至一歲動以萬計謂廉以立身可乎夫廉恕修身齊家治民皆熹平日竊取中庸大學之說以欺惑人者今其言如彼其行如此豈非大奸大憝耶云云今按疏之所陳學者一切以爲人所撰造朱之謝表亦惟曰凡厥大譴大呵之目已皆不忠不孝之科至衆惡之交歸亦羣情之共棄又曰習魔外之妖言履市廛之汚行事毋恩衰爲臣禮闕私故人之財而納其尼女規學官之地而改爲僧坊諒皆考覈

以非誣云云雖云引咎而不自辯爲高然其中如納妾占山發塚及婦之無夫而孕違詔斷刑賑濟不及百姓之類皆有指名何故其徒不爲一一據實詳具本末使學者一覽而洞然寧爲含容之說置疑於後世乎是不可曉也今故稍具之或有得其實者條而正之豈不忠於朱子而可以厭服後人之心乎

又曰學者定所謂道統以周二程張朱五子而邵馬不與不識何意若言明經之功堯夫易學不及

五子耶君實雖不爲傳註不通經耶如記踐履則邵馬之高明純粹不知於五子何如

刺曰道學固善其僞不可不辯

說曰道學之名甚尊僞學之利甚厚莫不小禍於初而大獲於後官不峻而勢益張權愈失而力轉重時君遏國莫敢嬰其鋒以是黠子從之如狂從古以來竊聲利者無若此塗之捷也僞學二言爲世大諱雖宋社已亡而其弊故在士君子果有意於世道能長禍而忘言乎道學僞學是非得失之故稍演于後

系曰嘗聞吳興老儒沈仲固云道學之名起於元祐盛於淳熙其徒有假其名以欺世者眞可嘘枯以生凡治財賦者則目爲聚斂開閫扞邊者則目爲粗材讀書作文者則目爲玩物喪志留心政事者則目爲俗吏其所讀之書止四書近思録通書太極圖東西銘語録之類自詭其學自正心修身齊家治國平天下故爲之説曰爲生民立極爲天地立心爲萬世開太平爲前聖繼絶學其爲太守爲監司必須建立書院立諸賢之祠或刊註四書

衍緝語録然後號爲賢者則可以釣聲名取膴仕而士子塲屋必須引用以爲文則可以擢巍科爲名士否則立身如温國文章氣節如東坡亦非本色於是天下競歸之稍有議及其黨必擿之爲小人雖君子亦不得而辯之矣其氣燄可畏如此然夷考其所行則言行了不相顧率皆不近人情之事異時必將爲國家莫大之禍恐不在典午清談之下也予時年甚少聞之頗有嘻其甚矣之歎其後至淳祐咸祐閒每見所謂達官朝士者必憒憒

冬冬烘弊衣菲食高巾破履人望之知爲道學君子也清班要路莫不如此然啓而察之則殊有大不然者然後信仲固之言不爲過蓋似道當國恐人分其勢故專用此一等人列之要路名爲尊崇道學實幸其不才憒憒不至掣其肘耳以致庶事不理喪身亡國仲固之言不幸而中嗚呼尚恐言之哉周密

又曰周平園云學問須觀其效如祖宗時爲詩賦後來以不如經義然熙豐以來用經義取士何如

祖宗時得人又如元符後尚伊川之學然元符以後何如熈豐今劉子澄輩至云韓魏公歐陽公及其祖元公之屬惜不遇伊川使見之學問功業當不止此不知諸公乃就實行中做也又今之學者但議論中理會太深切不加意於實行如學安定有何錯若學伊川喻子才仲彌性之徒豈不悞事張南軒亦爲人誤耳同

又曰羅椅者盧陵巨富子弟借徑要爵時方向程朱之學乃盡棄舊習而學焉然性理之學必須有

所授然後名家乃尊饒雙峯爲師繼登似道之門似道事敗遂長掛破褶蓬首垢面儼然貧儒往依維揚趙日起未幾似道移維揚笑謂趙此江西羅半州也其富豪十倍我輩君爲所欺矣椅知跡巳露遂去復幸信豐被論而罷饒雙峯者自詭爲黃勉齋門人於晦庵爲嫡孫行椅與極好又有董韓二人皆互相稱道及世變後道學旣掃地董韓再及椅門則絶之矣董韓俱不娶饒死二人匍匐往哭縞素負木主每夕旅邸設位哭臨道由撫州黃

祁二異録　　二十六

震爲守津吏報有二秀才素衣背位牌入界大哭而去行止怪異不知何人震往迎之亦製服於郡廳設位三人會哭俱稱先師之喪而震幣之極厚一時道學行怪往往至此時人有言云道學先牌人懲行李 同

又曰徐霖者以詆史嵩之及上書攻鄭寀往往沽激太過人皆薄之趙汝騰力薦不就及除著作郎即受之舉止顛狂妄自尊大士受教者拜庭下霖危坐受之不發一語瞑目坐移時豁然而起有黠

者倏其瞑目亦效之倏其躍起亦頓從之霖曰汝
已得道矣夏月京府命工搭蓋松棚適一匠者袒
服破綻見其二子霖逕牒天府云某人受役而不
主一合從重撻隨行一童廳吏或以果餌與之霖
適見併廳吏解天府謂此吏壞其太極都城無不
傳以爲笑後被疏去霖之無忌憚皆汝騰成之至
目汝騰爲大宗師巳爲小宗師後復疏論于是聲
名掃地矣同
演曰所謂道學者善耶惡耶曰有善有惡曰惡有

學以道而不善者曰誠僞之辨而已誠者天之道也如爲道學者名實皆誠斯善已若名是實非斯僞也僞則惡已夫以其實僞而號之曰僞當之者不肯公受因飜謂號之者非而斥之睇者又因遂以僞學二言爲美稱於是混僞學之號于道學而爲之者恣肆詭怪猖狂姦回以至抱大憝陷實禍而莫之救流弊無窮焉其在今日秉公者籍喙不敢犯予亦安能違衆而盡言招尤聊復究其眞而嘗試爲之言曰謂道學非而違之則獲罪于天矣

謂僞學非而違之則獲禍于人矣謂僞學是而從之則亦獲罪于天矣與獲罪于人寧以之易獲罪于天者哉何歟天誠也人僞也天也者卽彼所稱道之大原所出者也吾豈不畏之而繆其是非從違也歟夫道學之號何妨乎由三五至宋之先由闢而來有之也學之云者由三五以來有之也是六經至宋先之史傳之也然而道之云者由開學者必以道道與學一事也何事至宋而始有斯名歟且道者何謂也人行之路也漢儒釋爲開通

宋儒訓以通行皆謂路也今請借路爲喻假以京師爲路之至極四海之欲往者必各有一定之塗發軔于此税駕于彼必須遵而履之千蹊萬徑不得而奪必如是乃可至斯則所謂道也天地人物智愚上下萬有之共由者也出乎自然而行之當然斯則所謂理也如是行之而果至秦越異軌而身必抵于京師實得其所止焉斯則所謂德也京師極矣其地土山川縱衡羅列有目以視有足以馳非假人力而自有之斯則所謂性也知京師爲

路之至而便趨之不昧南北斯則所謂心也故道德心性理者一而已矣天地人物皆然也然而京師爲路之至極行者必當之焉有是向方塗里之目智者爲之示之導之此則聖人之所謂道也雖不必目矚足馳而京師爲路之至極本自具之不必矚馳而後有斯則道之本原佛老之所窺而執之以示導人者乃佛老之所謂道而近儒以爲非者也然而其究同也孔孟所謂無聲無臭無言無隱一陰一陽之謂與子貢所謂不得聞之類即此

是也至於此路之前之傷即有曲塗邪徑其間所產之物所求之用可便得之於是不歷通塗不抵京邑而便取之以了吾此舉欲行之事斯則百家衆類之道或偏或曲或邪或小或反或惡聖人之所謂非道後儒之所謂人欲者也佛老亦似之而與百家衆類異也是則由聖人之後凡士所學皆此道也其不至或庆如上所謂非道人欲者乃行之不差耳不可謂非路也其曰道學猶曰路行謂學之行之而差可也以爲非道之學則可謂世有

非路之行哉是以六經以來無道學與非道學之目凡爲孔氏之徒誦習六經者皆此學也但有純不純至不至耳宋儒始以當學者爲道學固已若贅而且亦無害然使爲之者一出於誠所謂三綱五典仁義禮智忠信廉耻誠意正心修身齊家治國平天下諸云云者莫非躬行實踐表裏一致由是而賢而聖豈非道學之眞而萬世當遵者乎奈何於是而有不然者口此身彼遂使不同道者指而翻其稱曰僞學若朱子者吾固不敢眞以爲僞

而後來攀援附托而爲之者則已如所稱者之僞千詭百怪有不勝言而不容掩者此則其徒之罪也竊其名而反其實既享其名又激其利所謂名利之兼得者非徒今世之罪人先王之罪人聖門之罪人而亦程朱諸子之罪人也亦由其有是規模格式家數自聖人來歷諸治亂朝代從皆無之而忽然刱造締構於趙宋者有此門面塗徑有此標榜名目故其流弊必至於此豈不可痛悼哉愚雖不敏此固天下之公言也程朱行事或謂可疑

者愚亦安敢決定而昌言之惟願學者於道學之云必從其眞而不從其僞不在門户而實務踐履端其操存而坦其軌轍毋作聖賢天地時世之羞適以欺已罔人併累程朱之眞而實獲罪於天焉耳若從僞之害如柔語所畧舉者後來更甚不可具陳蓋未知所底止而孰能回之嗚呼賈要爵起厚積而又釣嘉名前此鄙夫姦究列在汗青斧鉞者其術皆在此下則滔滔者亦安得而不爲之耶痛矣哉

祝子罪知録卷六

吳　祝允明希哲纂
王世貞元美校
豫章　祝耀祖述之閲

論釋上

曰陰陽造化之理三綱五常之道聖人備言已顯然矣惟變而不動之性死而不滅之心以理推之不可知欲詳言之則無證必待佛書而後明儒或徵諸夫子之所未言而佛言之於是驚疑惑亂詆

毀排斥終無證其理之所從出徒自蔽而已然詆之爲寂滅者非佛說動而不變之理斥之以亂倫者乃權迹流弊之末佛之徒聞之而不怒不辯者知理在人心信者自悟不可誣也迹流於世久則必弊孰爲吾累哉是心變而無動死而不滅斯理昭如皎日安得而自蔽歟若識此心悟此理儒爲眞儒僧爲聖僧矣心昏理迷莫知所往本之既失諍論復何益哉今儒者或謂人死即滅亦無輪迴再生之理甚非聖人之意易曰精氣爲物游䰟爲

變精靈知也氣形氣也二者合而爲生寬卽精也
游往也靈知去則形氣變二者離而爲死原其始
則精與氣合而生反其終則精與氣離而死死而
不滅則有鬼神故知鬼神之情狀死生鬼神之道
若日月寒暑之往來誰能自滅同於艸木乎或言
人物但禀氣而生不知精寬爲靈知也人之神曰
寬睡則爲夢卽有知之心耳或謂寬爲氣氣非有
知也若視聽言動皆曰氣之所爲必由心帥之以
應事是亦精與氣合而爲用也豈可謂魄爲氣乎

庸常人無修心養性之功一隔生死不復知有前身之事不足以爲證故聖人不及詳言也儒者志在排佛故作人死斷滅之說以破生死輪迴之論不知反違周孔聖人之意但比丘之法以出俗離倫斷煩惱生死爲對治凡夫貪着之病此小乘權教有沉空滯寂之偏故復立大乘菩薩教以破斥其非何待儒者譏其寂滅耶佛教自國王大臣長者居士以至天龍鬼神一切品類佛皆隨類化身說一切善法究竟皆至如來之地非但出家一門

爲至也又何待儒者譏其權迹爲無父無君以亂倫哉自漢以來經書迭至究其指歸誠所謂窮心性之原入至善之地非但文字而已晦菴曰佛有觀心之説夫心人之所主乎身一而不二爲主而不爲客命物而不命於人故以心觀物則物之理得今復有物以反觀於心則是心之外復有一心而能管乎此心也又曰佛之學以心求心以心使心如口齕口如目見目其機危而迫其塗險而塞其理虛而其勢逆其言雖若有相似而其實不同

解曰心法萬法之徹心源至理難知觀心斯得人由迷此心體不知返求外爲六塵所惑内則沈掉二病是以局處無知偏僻異見惟佛返觀此心頓悟本性成等正覺故於世間無量百千法門出世無量百千法門莫不洞明廓徹今儒尚不自識本心豈能以心觀佛哉所謂人之主乎身一而不二者即今出入六根緣染之識神也命物而不命於人者即取着六塵而妄生我相者也以心觀佛則物之理得者即周徧計度似是而非蓋不識自心

則其本已失安能觀物明理哉其所謂令復百物以返觀乎心者如古德云境無心外境見境即見心是也其所謂則是此心之外復有一心而能管乎此心者非也二祖云覓心了不可得一心尚無豈復有二哉吾佛之徒本無如是之見也又謂聖人之學本心以窮理順理以應物此言得之但儒者錯解其義書曰人心惟危道心惟微惟精惟一允執厥中此心學之源也人心妄想也由執着顛倒故危道心天理也非思慮之所能及故微精者

不昧一者不雜由無思故不昧無爲故不雜乃欲
盡其至誠固守此中道也中卽中庸之中在心而
不在物在内而不在外子思所謂喜怒哀樂之未
發是也子思但以情識未動卽是中義與吾佛一
念無生之理相近儒者釋中曰不偏不倚無過不
及乃已發中節之和也大違子思之意矣喜怒哀
樂未發之時無有形相可見豈有偏倚過與不及
之事乎及解允執厥中皆曰已發之中是儒者不
知中之爲義而妄釋之也君子時中者言守此未

發之中心常不妄動也子曰易無思也無爲也寂然不動感而遂通天下之故者亦中和之義也由無思無爲未發之中精一固執則寂然不動故能感物應機而通變無窮矣此可謂本心以窮理順理以應物也若未能造思慮未發之時終不識心之本體如是之人聞無思無爲寂然不動之説則茫然罔措且不知聖人之道何所謂中不識聖人之言則曲爲之解曰聖人無心則釋曰無私心曰聖人無爲則釋曰無所作爲是皆以有心有爲度

聖人也且得罪於堯舜周孔矣何謂佛哉彼既不知觀心之妙徒欲以徧計之妄心觀物以窮理辟如塵鏡未磨擬求鑒物未之有也是不知此理在内惟務外求故學解益多去道益遠矣惟佛觀心之道不住六塵頓息思慮了悟本性名爲反觀今儒者未嘗用力於此輒妄議之謂以心求心如口齕口目視目其機危而迫其塗險而塞其理虚而其勢逆可謂迷之甚矣楞嚴經云吾見之時人皆見吾之見吾不見時何不見吾不見之地以心求

心此語明矣若思慮未息生滅宛然若見若聞皆爲塵相須是離聲離色聞見眞常卽是見吾不見之處眞聞眞見全顯本心辟如百錬眞金何憂火試與以心使心佛本無如是說也

又曰或問晦翁曰只爲佛從心上起工夫其學雖不然却有本儒者只從言語文字上做有如此事只做一塲說話過耳所以輸與他答曰彼所謂心上工夫本不是却勝儒者多

程子曰釋氏之學於敬以直內則有之矣義以方

外則未之有也故滯固者入於枯槁疏通者歸於恣肆此佛教所以隘也吾道則不然率性而已斯理也聖人於易備言之

又曰佛有一箇覺之理可敬以直内無義以方外其直内者要之亦不是晦翁曰今說求放心却似釋氏說入定一般但到此便死了吾輩却要此心主宰得定賴此做事業所以不同○因說程子耳無聞目無見之說答曰決無此理釋教云塵旣不緣根無所着反流全一六用不行葢他意謂六根

不與六塵相緣則收捨六根之用及復歸於本體而使之不行顧烏有此理辯曰教有内外不同故造理有淺深之異求之於内心性是也求之於外學解是也故心通則萬法俱融着相則目前自昧外求之失斯爲甚矣今儒學之弊浮華者以詞章爲事純實者亦不過以文義爲宗視心學則皆罔然宋儒知其病又知吾心上工夫爲有本是當敵本抑末以斥其言語文字之非可也而復以心上工夫不是何自爲矛盾歟本既不是何謂都勝儒

者乎此其不能窮心學之理於佛道深惑亂而不能取決也觀伊川之言亦然夫既懸吾道爲有內無外矣果能以內爲本得本何憂于末哉繼之枯槁恣肆又懸吾教之溢是未見其大者矣既曰佛有覺之理爲敬以直內復云要之亦不是是皆反覆自惑之言豈眞知此理者哉若率性之說亦不出吾心工夫必取證于易易乃心上之妙理先儒不窮本心之體遂不明良知良能之所自出謂有氣而後有知乃推性命之源于氣指性爲氣中之

理以氣循理爲道故隨事隨物以明理不知天地人物形氣皆生于覺性之中而吾之本心妙明已徧照在思慮未發之時若有得于此即時中義也失此不能少存于内徒追求于事物之末謂之義以方外豈有是哉取證于易者易言至神至聖皆指不可測不可知之地故不疾而速不行而至又以無思無爲爲感通之本則易所證固非外矣中庸曰中者天下之大本故存養于不覩不聞之間以無聲無臭爲至則率性之道果在外乎昔者聖

人皆以內學爲本而推其用於外後儒務外遂不知有心學之源乃以學解爲事惟宋河南之學始言性理然但知心之用而不究心之體遂不知養未發之中又昧太極之理在兩儀未判之先或以物理爲性理故本末體用於是乎不明而堯舜周孔之道微矣又以孟子求放心比釋氏入定者非也若小乘之定固已灰滅更無求放心之意佛乘之定卽動常寂何用求放心耶其謂到此便死了則說法度人者又復生耶不知佛所謂[illegible]只是妄

念不起而應機接物允合其宜儒者莫知此境輒
妄議之又解反流全一爲收拾六根之用反復歸
於本體而使之不行非也若人不緣六塵無所染
着反觀自心明明不昧寂寂常知名曰圓照即了
悟之地非學解能到悟則謂之内解則謂之外此
内教外教所以不同也儒者專用力於外凡知解
所不能及者不復窮究故不知允執厥中之道天
理流行之處皆在思慮不起物欲淨盡之時踐履
雖專終不入聖人之域矣蓋因疑佛氏之迹爲無

父無君遂不究盡其說使孔聖之道不明乃毀佛之過也

又曰釋氏之說若欲窮其源而去取之則其說未能窮固已化爲佛矣只且于迹上考之其設教如是其正果如何固難爲取其心不取其迹有是心則有是迹

晦翁曰伊川所謂只消就迹上斷他便了他既逃其父母雖說得如何道理也使不得如此足以斷之矣解曰今人欲以文字學解著述經書以窮佛

理不過增益知解終不能入法性之海程朱涉獵佛書不究其指乃以其迹斷之其不信宜矣程朱既往今之學者惑焉乃爲之解釋迦逃父母捨王位踰城出家毀形壞服以名教論之以爲不忠不孝無父無君是大不然也且輪王七寶之榮天帝五欲之富泰來運合賞閲暫時報盡沉淪悲哀永久此有漏之因暫處人天心生貪着惡業便起不久當墮惡道如來佛眼所照見諸衆生輪迴六趣長劫受苦於是發大慈悲做諸方便降胎入相成

道上救君父下濟眷屬以及一切衆生出離生死苦海俱登菩薩彼岸其爲功德廣大難量豈可執其方便權迹妄生誹謗者哉今以譬喻更明此義如一長者財富止有一子鍾愛而長者依海而住船舶甚多他日欲適他國遂以巨舟載其眷屬泛海檣桅損壞將見沉溺其子甚智察知斯事又知父別有船設以告父請往取船知必不許乃不告父母夜半逾出駕小船疾行至彼既得大船天明父聞子逝驚求不得方擬行舟風濤大作其子駕

彼大舟而至急扶父母得以全歸設若此子先作思惟我若逃逝使父憂惱是爲不可當全忠孝義同溺死爲此至德與私逃取船救父孰爲優劣儒者因疑其迹不究其道所以爲義者不過甘同溺死而已豈不哀哉先儒不信生死輪廻之説於佛出世之理重有惑焉不知世間常道有出世之道具焉所以爲大忠大孝者非但服勞奉養而已

又曰晦翁曰韓退之接引僧徒要他歸儒不過文暢靈師惠師之徒皆破賴底僧及晚年見大顛説

得濶大勝妙自然不得不服人多要出脫退之也
不消得恐亦有此理也
又年某年十五六時嘗留心於此一日在劉病翁
所會一僧與語其僧只相應和了也不說是不是
却與劉說某也理會得箇昭昭靈靈底禪某遂疑
此僧更有妙處遂去扣問見他說得煞好及去赴
試便用他意思胡說試官被某說動了遂得舉後
見李先生與他說李先生只說不是某却疑李先
生理會此未得再三質問只教看聖賢言語某遂

將禪來倚閣意中謂禪亦自在且將聖人書讀讀來讀去一日覺聖賢言語漸漸有味回看釋氏之說漸漸破綻罅漏百出辯曰佛之法門東流者四曰講曰禪曰律曰秘密講禪繼述尤多又爲名士大夫之所宗尚雖入門不同而證理則一若無思入講不能通貫諸經知解參禪無由超悟至理故習講者觀諸經論文義深思通解解終趨行乃絕思惟能所兩忘名爲入位參禪者異於是惟單提直指不尚多聞但悟一心萬行斯備若大顚實與

退之說禪退之豈能卽悟至理亦不過以名相開諭之而已此晦翁所謂濶大勝妙正名相邊事也退之若果悟禪則後來見識必當與前不同其答張籍等書豈有自爲晦匿之辭旣疑似若此則胸中所見可知矣况朱晦翁所遇之僧又非大顛之比必少有學解妄稱證得尚不識禪爲何事烏足爲晦翁師問哉禪悟門也悟則轉凡成聖如斬一握絲一斬一切斷豈有疑二進退反復生謗者乎且晦翁弱冠之年未曾親見智人而杜撰叅禪不

出情識境界若急與辯斥剪其枝蔓尚恨其遲此僧不能如此便當歛手而退却將昭昭靈靈引之此則偏務醒醒認賊爲子及其再來叩問添得知解轉多故云說得然好晦翁由是錯解禪意反將其說爲應聲之資久之破綻豈不宜哉晦翁如此保認是將禪爲知解邊事及見李延平遂有倚閣自在二說顯然生滅流注議論横生遂用心以著述爲事其分别事理字義最爲詳盡至于性理未達道體之妙于是旁思熟慮任情起見則去聖人

之道爲有間矣其論禪謂曹洞宗說得細故法嗣中絕臨濟說麄枝大葉禪故久遠此强辯也按洞山客傳寶鏡三昧又勘辯諸方言句有三種滲漏其所立宗旨漸涉知解而義路不絕正是麄處以晦翁所見頗彷彿其影像是故謂之細臨濟門風峻拔超情離見非上上根人一聞千悟者無能窺其蹊徑正是細處晦翁于此罔然故謂之麄

又曰中庸序曰彌近理而大亂眞晦翁云釋氏之學與吾儒甚相似處如有物先天地無形本寂寥

能爲萬象主不逐四時彫又撲落非他物縱橫不是塵山河及大地全露法王身又若人識得心大地無寸土看他是甚麽樣見識令區區小儒怎生出得他手宜其爲他揮下也

又曰此是法眼禪師下一派宗旨如此今之禪家皆破其說以爲有理路落窠臼礙正知見今多是麻三斤乾屎橛之說謂之不落窠臼不墮理路妙喜之說如此又有番轉不如此說時

問禪家說無頭底當話是如何曰他說分明處却

不是只内中一句黑如漆者便是緊要處於此曉得時便都曉得辯曰舉知解門則以爲近理舉證悟門莫契其當機不入悟階何由與辯如人徧身是病不在痛癢所在則難治也今欲治其不治之病姑即其說論之如近理亂眞者譬莠之類不必當辯其非矛其所謂甚相似者必似是而非者也今舉而讚之竟未有以非之則不應以近理目之不能辯其非眞則不應以亂眞斥之夫知其識見之高懸小儒爲其揮下則當詳辨其近理非理之

處亂眞非眞之事使學者了然知其謬妄何假眞
僞之不分也歟若如此泛說以闢之何以服天下
後世乎此段偈誦乃知解中意可以聞解信入非
昇證門也故云吾理路落窠臼若昇證門如禪者
問答機鋒相接離言顯智離智顯體爲人解粘去
縛其間間不容髮少有失機名爲話墮若圓知相
對機如轉丸鍼芥相投眼如皎日豈可謂黑如漆
乎儒者罔知其意隨語求解豈有曉得之理禪門
文字性離思惟路絶詮表意不在言惟機所適儒

者於此罔措乃云又有翻轉不如此說時尤可笑
又曰晦翁曰上蔡云佛所謂性正聖人所謂心佛
所謂心正聖人所謂意心只是該得這理佛氏元
不曾認得這理一節便認知覺運動做性如視聽
言貌思聖人則各有其理佛氏只認得能視能聽
能思能動底便是性不管横來竪來他都認做性
最怕人說這理字都要除掉了
問釋氏作用是性曰便只是這性他說得也是孟
子曰形色天性也惟聖人然後可以踐形便是此

性如彼說視聽言底是誰便是這箇故其言曰在眼曰見在耳曰聞在鼻嗅香在舌談論識者知是佛性不識喚作精鬼他也說得好所以直指人心見性成佛他只要你見得言下便悟做處便徹見得無不是此性也說存心養性養得來光明寂照無所不徧無所不通又實際理地不受一塵佛事門中不捨一法他本自說得是所養者也是只是差處便在這裏吾儒所養者是仁義禮智他所養者只是視聽言動儒者則全體中自有許多道理

各自有分别有是非降衷秉彞無不各具此理他只是見得箇渾崙底物事無分别無是非横也是竪也是直底曲底皆是非禮而視也是此性以禮而視也是此性少間用處都差所以七顛八倒無有是處吾儒只是一箇眞實道理他亦云惟此一事實餘二卽非眞他只說得一邊只認得人心無所謂道心所爭處只在此吾儒說不周無不徧他亦說不周無不徧然人倫上不能周徧更說甚周徧解曰大覺無私乃徧知于法界塵情有着徒妄

起於塵勞佛與衆生本同一體但因迷悟見有殊
塗佛性只在眼耳鼻口之間妙用不離見聞知覺
之際直是一塵不受一法不捨頓見本來面目今
以生滅垢心起輪廻見翳目生花又求實花生處
徒勞分别妄費精神者也眞性現時若擊石火急
着精彩認得依然不是此處正是迷悟關子得則
速證眞常失則速入塗炭只如視聽言動皆眞性
發現若無心體會則森羅萬象一鑒昭然此按指
發光所謂一念不生全體現也若說是性卽是認

着影子使毫不繫念瞥耳情生業相宛然依前迷倒此舉心塵起所謂六根纔動被雲遮也到此着力不得晦翁所謂差處正是大疑惑也仁義禮知皆是就人事立名乃事物軌則豈可謂本性便是此理本性乃一念未起事物未形卽是明覺之體若常覺不昧不爲六塵所惑養成聖胎佛門號曰如來儒者稱曰神聖只是本無私欲純一之天理也以此應事接物乃可不思而得不勉而中無爲而成所以仁者見之謂之仁智者見之謂之智是

無心于仁智而自合仁智者也此天理者未見仁
智之名發之于外乃有仁智之用故本性即是天
理天理即是明覺非在外也若以五常之理爲性
不可言百姓日用而不知百姓庸常之人也情發
必中節豈能日用五常之理耶若以本心明覺爲
性百姓曷常不覺哉然覺性在視聽言動日用之
間而不自覺常被塵勞所惑自昧其明故曰知道
者鮮矣由是言之周孔以上聖人亦皆以本覺爲
性也其所謂全體之中自有許多道理非也葢全

體之中無一物一事可見豈有許多道耶耶若謂發用處有許多道理有分別是非則可安得以用爲體乎其要在明心體彼不知心體之妙說爲渾崙物事是不見明鏡止水之中森羅萬象無壞無雜不生分別之心而妍醜了然安得有非禮顛倒之事歟六塵不緣則私欲淨盡安得只有人心歟

夫周徧者佛言一即一切一切即一理自徧周非因脩得儒者務用心觀物以求徧豈能周徧乎吾佛于七情未發之時已空其惡故惡自不生儒者

于惡念已形之後擬欲斷之其用力故不同矣若有所得則賢者之學宋儒有爲聖人之道未之或知也其差者以有爲之心爲體故自見得有許多道理又各自有分別有是非只此三有存之於心我相旣立而卷枝錯節膠固莫辭不知天下事物之理徧通不窮欲以斯須之明造次之聰畧加忖度若有得焉卽自瞞曰吾分別詳矣是非辯矣人或異已則曰我明識道理必如是爲當也幸一二之偶中則眼空四海若王介甫之徒是也此謂之

我相我我相立而公心亡矣凡作此者或見用於世其不敗者鮮矣良由認事理爲性理求外學以資于内倒持本末源委失眞其流之弊以作爲爲事有以起禍亂之階可不慎歟

又曰學者于釋氏當如淫聲美色以遠之不然則駸駸然入其中矣或問朱子曰今士大夫晚年都被禪家引去者何故答曰是他高似你你平生讀許多書記誦文章所藉以取功名利祿之計者到這裏都靠不得所以被他降下他底且省力誰不

悅而趨之王介甫平生學力說許多道理臨了捨
宅爲寺文云只緣他打併得心下清潔所以本朝
李文靖王文正楊文公劉元城呂申公都是甚麽
人也都去學他
問龜山答陳了翁論華嚴大旨不知諸人何爲好
之之篤曰只是見不透故覺他那箇好以今觀之
也是好也是動得人
問龜山言道非禮則蕩而無止禮非道則梏於器
數儀章之末則道乃是虛無恍惚無所準則之物

此類甚多如此類則似禪日固是其徒蕭子莊李西山陳默堂皆說禪龜山沒西山嘗有佛經疏追薦之此等皆不可曉

又云游定夫晚年亦學禪

又云此箇道理纔理會到深處又易得似禪須是理會到深處又却與禪不相似學者只是不曾到深處定走入禪去譬如人在淮河上立不知不覺走入番界去如程門高第游氏分明是投番了雖上蔡龜山也只是淮河上游游漾漾立地終是看

他未破時時去他那下探須也須疑看他有箇好處

尹和靖日課金剛經拜觀音菩薩解曰理學君子既造聖賢之域得盡心養性之道豈詖辭淫邪見僻行之所能惑所能動哉爲所能動者必非詖淫邪僻也且聰明才智出倫之士早讀聖賢書積德立身功名節義昭昭出人之表綱常之道弗虧但嫌其有學佛之差是果悖道之如是耶非也乃惑者之妄議耳如李流王旦楊億呂公著德義行業

爲宋名臣彼固不耻于學佛亦未嘗得罪於名教固可輕議其非歟劉安世陳了翁文章節義冠世豈不悅周程之道然好佛之篤未有以加之也其處患難臨死生不測之禍恬然莫能動其心而害之者或嘔血而亡豈非學佛之驗歟此數君子未嘗因好佛而虧行業傷彝倫也何爲佛氏之爲害尤甚哉至若程門高弟未有過于游楊尹謝而皆有學佛之癖豈信道不篤晩年遂改節如是耶二程道南之語亦誤許之耶然則其父師拳拳之心

惟恐學者流入其中如四子者肯遽忘之耶嗚呼是深有得于周程之意燭理之精遂知禪學之竗不覺趨入其中矣朱子論佛氏由義學變入于禪卽解終趨行之道也程門高弟造理之深固不能遏其入禪矣然考之五燈未有深許之者葢信解而未昇悟耳其所著述未出儒氏之說謂之曰類禪則禪學直如是乎禪固非彼所及然因其有得于此遂于儒書之理益加詳焉後學耻其歸佛故矯揉其說凡聖人之書有近于佛者皆故違經旨

別立異說惟恐其類禪理學之差皆由於此其誤世豈淺淺哉

又曰晦翁曰近理亂真處程子自私二字得其要領明道答橫渠書云人患在自私用智此大凡人之任私意耳下文云豁然而大公物來而順應便是不自私不用智也

又云佛氏自私昧道今以惡外物之心求照無物之地猶反鑑索照也亦是絕外物而求定之意自私而用智如世人一等嗜慾豈不能以有爲爲應

迹若廓然太公物來順應便都不如此上不淪空寂下不累於物欲

問明德而不能推之以新民可謂是自私有學佛者王天順與陸子靜辯論云我這佛和耳目鼻口皆不愛要天下人各成佛豈得是自私先生笑云待度天下人各成佛却是教他各各自私陸子靜從初亦學佛嘗言佛差處是義理之間某應云此猶是第二着只他根本處便不是當初釋迦爲太子時出遊見生老病死苦遂厭惡之入雪山修行

從上一念便一切作空看惟恐割業之不猛屏除之不盡吾儒却不然蓋見得無一物不是此理無一理不違于物佛說萬理俱空儒說萬物俱實從此一差方有公私義利之不同今學佛者云識心見性不知識是何心見是何性辯曰私莫私于物欲公莫公于至理私欲勝則其見昧至理徹則其見明況所謂道乎道者古今聖賢之所共由非自私自利之地也若謂佛以自私自利爲道不可也謂佛用智尤不可也人之所愛莫甚于利佛則捨

愛矣所利莫甚於生佛則捨生矣自私自利必歸于已佛無我相利利將誰歸今以佛厭生老病死而修出苦之道謂之自思爲利則佛者不厭苦而自甘沉溺乃謂之大公合義乎夫用智必陷人於險佛以方便之智濟度一切衆生反以爲陷之歟佛道周徧十方於一切法平等無二自不以爲功普濟六道衆生猶如一子自不以爲利智入三世十方徧知一切衆生若干種心隨根與法增能受護而無失時雖知衆生界不可盡而不暫起一念捨

衆生意此名佛智豈世間智術之事乎彼所謂以惡外物之心求照無物之地者如厭動求靜避喧趨寂諸經屢有彈斥之文不待辯也然有形之物可以鑒喻反鑒則不能照物心無形相無有背面反求則息妄歸眞内外洞徹非反鑒之比也若謂自私用智如世人一等嗜慾者吾佛以慈悲喜捨勇于向道尚有過于世人嗜慾也孔子亦曰吾未見好德如好色者是也古德云道念若同情念成佛多時如來若不勇猛求道安能普濟群生哉今

儒者以有爲爲應迹又能廓然大公物來順應斷無是理設以周徧計度之心志在有爲必先有我相我相既立自私則甚焉於是塵勞紛動惡覺竟起至於應迹豈能廓然利害關心有如重翳何謂大公事物之來機如迸電造次顛沛反覆多矣安能順應此由自私之爲患也故私莫私于有我我相執着則不能虛心以容物豈能公于天下乎又言吾儒見得無一物不是此理無一理可違于物不知本末之論也理尊無對一而不二者也隨物

之差殊不同而各當其可其言無一物不是此理者是也其言無一理可違于物非也理本無名隨事立名故理之當長者必違于短當短者必違于長當厚必違薄當薄必違厚又如理不當用此物則違物以從理豈可謂無一理可違于物乎理無名相徹底惟空故能徧萬物而各得其宜若有實體卽有名相不可與物作則可謂理乎言識心見性者可識者是塵可見者是境非心性也如眼能見物不能自見若有可見決定非眼雖不自見不

是無眼心性亦然先儒盡心養性只在已發處存養但見得心性發用之處其于思慮未起聖人允執之中則昧然而莫識其去孔子子思爲有間矣指佛氏爲自私豈知佛理者哉佛以染淨和合爲心純淨無染爲性非眞悟者莫知心性之體可輕議與至若私義利之分非識心見性者固莫及也

又曰或問瑀翁曰佛與老莊不同乎曰老莊滅義理人倫未盡至佛則人倫絕盡至禪則義理滅盡

辯曰謂佛棄父毋出家爲絕滅人倫非是實事乃

應化之迹實未嘗離親側也至如隨類化身普度萬品非但出家一事而已又謂禪則義理滅盡非也禪悟門也人由六塵而迷不捨六塵而悟義理窠臼者法塵也以生心動念即乖法體故絕解以趨行行起之時無量妙義亘古今常流且不窮也況絕滅乎

祇子罪知録卷六終　　曾孫男世廉謹輯

祝子罪知録卷之七

吳　祝允明希哲纂
王世貞元美校
閩　周爾發子龢閱

論釋下

曰濂溪嘗謂一部法華經祗是一箇艮卦可了時佛印寓鸞溪公謁見與講道問曰天命之謂性率性之謂道禪門何得謂無心是道師云疑則別參公曰參則不無畢竟以何爲道師曰滿目青山一

任看公有省一日忽見牕前草生乃曰與自家意
思一般以偈呈師曰昔本不迷今不悟云云師和
云云由是愈師作青松社主繼白蓮故事
二程始以易學爲諸儒倡嘗曰看一部華嚴經不
如看艮卦楊子安喜叅禪不肯明道每攻其徒曰
六經藥也無病安所用適明道自涪陵過襄陽子
安問曰易從甚處起明道以扇柄畫地曰從這裏
起子安曰這一畫從甚處起明道無語子安便起
伊川嘗致書於靈源清禪師云云師答書云云仍

示偈云佛説從來沒世情是非邪正要分明口頭説得千千尺心下須教寸寸行

朱子曰圓覺經云四大分散今者妄身當在何處是竊列子骨骸返其根精神入其門我當何存語楞嚴經前面呪是他總後會説道理是附會圓覺經前數疊稍可看後面一段淡如一段後二十五輪與夫誓語可笑

楞嚴經是房融說得如此巧佛當初也不如此説如四十二章經最初傳來中國的文字其説却自

平實

有學者讀法華經晦翁問曰此經要在何處答曰在是法非思量分別之所能及一句晦翁曰吾儒正要思量分別所以不同也

晦翁看金剛經曰釋迦快說走輒話解曰或者未識經之宗趣以生滅垢心妄議如來境界而生毀訾如取螢火燒金剛山一何損耶如來稱法界性說華嚴經及諸神妙智用徹諸法性相理事盡修行心數門戶窮理盡性者也曰不如看箇艮卦是

何言歟盍曰艮其背不獲其身止之止也行其庭不見其人動之止也不過十波羅蜜門禪定一門而已豈能該一部之義乎若以佛理觀之背者居心之頂表無思之地止于無思則無我相是不獲其身也庭者應事接物之處行者舉動應用之時謂動而常寂起唯法起則無人相衆人相壽者相是不見其人也若如是解說與般若經意有少分相似亦未見其本心之理也必曰但止心不動如此則心境自然明見由定可以發慧也列子所謂

精神入其門云云者卽原始反終之義明生死之說而已若圓覺經言四大各有所歸卽今妄身了不可得乃卽色明空不待滅也與列子人死卽滅是滅色方空理正相反林氏曰佛生西方豈來剽竊詆之太過是不公矣又圓覺十二菩薩欲明圓覺之旨故展轉設疑與佛論辯皆相因互見該攝上中下三根因其惑有輕重故其言有淺深適當其機而已豈可以淺言也哉二十五輪單復圖修隨其根習順利故有道場修證儀式至弘誓流通

諸經法則如是何必見笑若楞嚴經則徵心辯性顯密雙融選擇圓通應根立教略陳階地廣說禪那明諸陰消條分異見與圓頓諸經互有顯發豈房融能巧說乎其結集之人以灌頂密因集爲一部說有前後不在一時非附會也四十二章乃佛法初來未宜深旨譯者姑從平淺之文使易曉耳豈佛語但如是乎法華歎佛智甚深非言思所及其爲宗要但顯佛乘而世人欲以思量分別求道文辭知解而已非心學也心學則誠而已至誠則

無思而得純一不雜金剛經乃破相離塵心無所住而佛語略無留滯圓變無窮豈走輥之言乎佛語如王寶印非有異文潛心讀之必有得焉切勿輕議也

又曰橫渠曰佛氏妄意天性而不知範圍天用反以六根之微用緣天地明不能盡則誣天地日月爲幻妄蔽其用于一身之小溺其志于虛空之大此所以語大語小流遁失中其過于大也塵芥六合其蔽于小也夢幻人世謂之窮理可乎不知窮

理而謂之盡性可乎塵芥六合謂天地有窮也夢幻人世明其不能究所從也

又曰浮圖明鬼謂有識之死受生循環遂厭苦求免以人生爲妄見可謂知人乎天人一物輙生取舍孔孟所謂天彼所謂道或者指游魂爲變爲輪迴末之思也大學當先知天德知天德則知聖人知鬼神今浮圖劇談要歸必謂生死流轉非得道者不免謂之悟道可乎自其説熾傳中國儒者未窺聖學門墻已爲引取淪胥其閒指爲大道乃其

俗達之天下致善惡愚智男女臧獲人人著信使英才間氣生則溺耳目恬習之事長則師世儒崇尚之言遂寘然被驅因謂聖人可不修而至大道可不學而知故未識聖人心已謂不必求其迹未見君子志已謂不必事其文此人倫所以不察庶物所以不明治所以忽德所以亂異言滿耳上無禮以防其僞下無學以稽其弊自古詖淫邪遁之辭翕然並興一出於佛氏之門者千二百年向非獨立不懼精一自信有大過人之才何以正立其

閒與之較是非計得失哉

聽翁曰詖者是他只見得一邊於那處都蔽塞了是詖辭知其所蔽淫者説得周遮浩瀚其書動輒數百卷是陷於偏而不能返是淫辭知其所陷邪者他見得偏了於道不相貫屬是邪辭知其所離遁者他已離於道而不通君臣父子都已棄絶見知不得却言道之精妙不在乎此是遁辭知其所窮初只是詖詖而後淫淫而後邪邪而後離離而後遁要知偏處只是虛其理理是實理他却虛了

故于大本不立辯曰天性者佛謂之本覺卽一念未起寂而常照之心也儒門乃喜怒哀樂未發之中無一毫私欲之累純乎天德者也二教之迹雖異本性之理則同也佛曰諸本覺法爲六度萬行乃至圓滿佛果儒亦從此天性發爲仁義禮智以成聖人之道佛則兼四聖六凡而治之儒者但治人道而已豈佛妄意天性不知範圍天用歟若人六根塵念不生則理自徧周明照法界非六根能緣天地也孔子亦曰人生而靜天之性也感物而

動性之欲也則亦以七情未發者爲性感物而動者爲情欲也以迷者言之則自身與天地萬物皆無常妄幻也以悟者言之則是法住法位世間常相住皆一眞之境也豈蔽其用于一身之小溺其志于虛空之大乎語大語小乃依正二報情器二界體自含容固世智所不能知非佛言流通失中也知大小無體則攝入互容而塵含六合芥納須彌矣知延促無時三世不遷則世界成壞有如空花矣此一心之體相也以相即體則古今萬劫不

出剎那以體卽相則一毛孔中現十方界皆性分之常也所謂窮理者舉一卽明多理舉多不出一理非若今日格一物明日格一物以爲窮理也所謂盡性者自十住初心歷五位而入佛位乃無明盡而智慧圓也天地世界成住壞空循環無已以成壞言之則有窮以循環言之則無窮非明心性之源孰能究其所從哉言人死而鬼古有其說非佛始爲此言也孔子曰祭則鬼享之古祭宗廟皆是享已死之鬼也受生循環者聖人雖未顯言其

事以理則可見矣人性雖曰明覺因染六塵而起妄見豈可謂人而無妄乎然三界惟是一心萬法隨識所變豈分天人是一是二而生取舍乎佛亦未嘗指天曰道此皆張子駕說也精氣爲物游魂爲變故知鬼神之情狀豈非人死爲鬼乎聖人繫易以生死鬼神對說正輪廻之義也易言知幽明之故幽則鬼神之道明則天人之理皆一而不異者也論語答子路之問言事人所以明乎事鬼言知生所以明知死死生神鬼亦一而不異者也張

子不循聖經之旨別爲無稽之言欲破佛法反自昧焉又引天德破輪廻之說尤爲迂遠聖人與天合德者至誠而已言知聖人可也言知鬼神則惑矣鬼神乃幽靈之動物有吉凶邪正之殊非純一至誠者也聖人但言至誠可以感神至誠可以前知至誠如神者言至誠能前知吉凶如神靈也佛氏言悟道者明本心也本心乃一念未知無死生可得知此則曰了死生非言得道免生死也了生死者不設於生死亦不出於生死不設不出故能

化身萬類說法度人治世出世之道矣儒門聖人窮理盡性原始反終故知生死則樂天知命而生順死安成治世之道矣且人鬼二物皆有形氣以幽明異塗各不相見若反常爲怪則人亦見鬼鬼亦見人三尺之童亦能曉此豈謂明理君子惑反甚焉謂佛法熾傳中國而儒者之英才間氣皆爭先崇尚至于愚賤莫不尊奉者葢佛與衆生本同一體但因迷悟乃異其名今同佛說以心照心泛而行之卽時明了其趣之也何足怪歟若明五位

階漸圓極佛果皆多劫積修非但儒者一生之修豈不修而至乎六度萬行止觀熏習佛佛道同豈不求其迹乎三乘四教問答論議祇陀讚頌盈卷累牘豈不求其文乎在家出家戒儀不等治世典章生産作業皆是實相豈人倫不察庶物不明乎尊卑品類人物鳥獸華夷異俗語言異教佛皆徧周隨機普應不壞彼相入我正法何謂治忽德亂異言滿乎是皆不知佛理之妙遂疑爲異言也然直指人心在其自證自肯非誘之使入何論僞與

弊哉又以佛言爲詖淫邪遁者豈有是歟佛離斷常顛倒異見具正徧知豈有邊見及蔽塞之處是未嘗詖也其經書則文富義博而宗旨了然使人雖終身讀誦而繹之無厭一句染神而千劫不朽終爲解脱之因未嘗淫而陷也諸經宗趣性相互融行解兼備如王寶印無有異文豈有不相貫屬者乎豈可謂邪辭知其所離也教有權實不同故有三車之喻而出家之迹事屬權門圓滿報身始明實理其言先淺後深如世間訓蒙之法豈可謂

遁辭有所窮哉言道之精妙不在君臣父子者非佛氏之言也如來具足萬善豈忠孝之有缺耶理之虛實已見前篇今或者執有爲之常見耳目所不及者不信別有境界地里可考者自流沙以東九千里南北萬餘里古今可考者自堯舜至今三千七百餘年自此之外東海至西海數十萬里金輪王至淨飯王數萬億年更有遠遊之士邁古之書其所言者便指爲異說況佛說微塵數世界微塵數劫乎如人居環堵之內不信天地之大豈非

蔽乎本心之理不明向外着物窮理困於見聞之穽而終身莫出豈非陷乎聞佛道而不信駕浮言以詆之豈非邪乎既不能議其本求其迹以排之豈非遁乎一言論佛卽具四者之差又能獨立不懼精一自信以較是非討得失歟

又曰明道曰楊墨之害甚於申韓佛老之害甚於楊墨○佛氏之言比之楊墨尤爲近理所以其害尤甚

晦菴曰佛氏乘虛入中國廣大自勝之說幻妄寂

滅之論自齋戒變爲義學然只是盜襲莊子之意說出這般道理及達磨入來又翻了許多窠臼說出禪又高妙於義學以爲可以直超徑悟其言禍福報應足以鉗制愚俗爲資足衣食之計遂使有國有家者割田以贍之擇地以居之以相從陷于無父無君之域而不自覺蓋道釋之教皆一再而侵其本眞有國家者雖隆重儒學而選舉之制學校之法施設舉措之方既不出于言語文字之工而又以道之要妙無越于釋老之中而崇重隆奉

反在于彼至于二帝三王述天理順人心治世教民惇典庸禮之大法一切不復有行之者論曰三教聖人其言雖不同然皆足以開人心之天理救世俗之澆漓成帝王之治功也昔孔子祖述堯舜之道故能究心學之源推性德之用删詩定書繫周易而作春秋以垂後世曾子著大學子思作中庸而其言詳矣自漢以來法而宗之雖未能盡行其說而所以致治效也亦不少矣其弊也漢末諸儒嫉惡太甚有黨錮之禍唐末諸儒交結權勢有

朋黨之災宋元豐諸儒作爲生事乃成新法之患亦莫不因之以亡國然後世史臣論之不過成是敗非而已孰能究其源哉使王介甫不爲元豐之政則學者尊之必不在周程之下矣若揣其源實心學不明之罪世心學不明以有爲爲盡性不能養中以誠明之道當時大儒不能斥其學術之差但以執拗目之執拗者謂之我相故有爲之心莫不自我相起至今儒者雖學程朱之道我相甚焉以周徧計度之私臨事物紛動之際堅存已見莫

肯信人各以分別之心横起是非之論上不懼神明之昭察下不畏民物之相違著書則妄解聖經處士則失機背理良由不知堯舜之道精一執中已而百姓自化垂衣拱手無爲而天下自平又不知古者帝王皆禀天爲教王者事天比臣事君不敢專也先儒釋天曰理釋鬼神曰氣則是無所主者矣雖釋帝曰主宰又不言實有神聖之靈則祭天卽是祭理享鬼神卽是享氣此見解豈能真超至敬耶又議佛氏不應以禍福戒人則小人爲非

謂無禍福可降無所不至是教之爲亂也又議楊墨之害甚於申韓何不公之甚耶楊墨學術雖偏尚不失爲善人申韓之術刻深殘忍商鞅李斯行之壞先王之法制焚先王之詩書反乎周孔之教莫斯爲甚至今猾吏效之流毒未已未聞楊墨如是之甚也又以佛之言近理爲害尤甚則悖理者其害小近理者其害大更不知何說也往往儒術乃以申韓輔之亦不自覺其非矣良由心學不明故名世之士文章記誦而已淳謹者執古非今昧

適時通變之道狂肆者任術生事爲亂之階所以
述天理順人心爲治世教民之本使二帝三王之
道于是不行若此其弊豈佛老之説能害之哉云
云
又曰晦翁日嘗見畫諸師人物皆雄偉宜其傑然
自立氣貌如此則富貴利達聲色貨利如何籠絡
得他住他視之無足動其心者論曰佛教義理深
玄造詣殊特非上智不能入故諸師氣貌出羣則
才智可知矣至如富貴利達聲色貨利雖古今豪

傑功業蓋世者莫不被其籠絡至死不悟惟佛門諸師中有英雄之畧具上智之資者多矣其心豈不知事業可以昭當時德澤可以被四海聲名可以垂後世富貴可以及子孫而棄之若弊屣畧不少顧其介如此奈何信詖淫邪遁之辭引惹繫縛之深固反有過于富貴利達哉必不然矣其生于數百年之下見其氣貌不覺歎服則亦當知其心非自私爲利之徒何敢毀之若是其深也聞其言既知其意也微見其貌又知其志也大然終却行

而莫入退則與諸後學深閉固拒若將滅之豈非
惑歟或曰先儒眞信聖人之學躬踐而篤行之欲
比德于周公孔子未必惡吾佛之甚也亦不過欲
立其教恐中衰而不吾若又慮其徒或趨入佛門
而弗返姑爲障蔽而已非實不知也愚曰不然即
若禪講諸門學者各有所嘗其行既專遂不相下
故諍論亦多矣然皆足以利世化民而不妨礙使
儒道釋亦竝行而不悖雖各以其道自尊終不爲
誹毀之言或兼學而互通之則心學豈不益明歟

必諍論而優劣之，非世教之福也（已上皆沈士榮原教論）

又曰：温公嘗書心經贈僧，題其後云：退之排佛，而稱大顛外形骸云云。由是觀之，于佛不為無得，所排者跡耳（出西山讀書記及鳴道集性學辨）。又劉元城稱温公曰：老先生深知佛法（出元城語錄）。

又曰：晦菴惡佛，以為虛無寂滅云云。孔子曰：易無思也，無為也，寂然不動，感而遂通天下之故，非天下之至神，其孰能與于斯。禮曰：無為而物成，是天道也。子思子曰：上天之載，無聲無臭。聖賢之旨初

無少異

又曰晦菴托温公言死者形旣朽滅神亦飄散雖有剉燒舂磨且無所施是則虚無寂滅至於空蕩無歸矣且如有人卧於武林夢居金陵與彼人飲食是時惟知有此飲食之身不知亦有幻身卧於武林也夢飲食者神識也亦名精魂也凡人思善思惡生死不絶者卽此神識也死者受苦剉燒舂磨亦卽此神識也是時惟知有此受苦之身不知亦有幻身死于人間也幻身如房屋神識猶屋中

人人既出不顧房屋神識既出不顧幻身晦菴所言是惟見幻身生滅不知神識不消滅也猶知房屋傾頹不知屋中之人先出屋外渾無損也此不消滅之神識隨業受報出殼入殼或苦或樂也不知之者神識莽蕩茫然無歸神識尚爾況欲明佛性乎金縢曰武王有疾周公告太王王季文王以旦代某之身予仁若考能多才多藝能事鬼神若據晦菴之言則周公代死形既朽滅神亦飄散雖有多才多藝亦無所存將何以事鬼神乎三王亦

將何以受周公之告乎禮記孔子曰人死曰鬼此三代所不變也若謂形旣朽滅神亦飄散將何以爲鬼乎晦菴之說是則周孔之言非矣

又曰或問性理之說古書皆不言千五百年後獨周子言之答曰否論者不知考耳性理之說東林禪師授之濂溪東林以前各專巳教未能融會至涯師始以其詞意發明易中庸之旨非古無今有也（出瑩中錄併性學諸要）公早留心禪學後參靈源靈源曰離却心意識而參絕却聖凡路而學可也公被逼

責無所用心晝夜呆坐而已偶於燕寂閒脫然開悟述偈云云自此有省

又曰程子謂聖賢以生死爲本分事云云佛學爲怕死生故只管說不已殊不知世人識情繫縛循環生死莫之能已佛說諸經指而諭之依然修行悟明生死豈是怕生死乎世人只見幻身生死不見佛性不生不死不知生從何來死從何去設使欲知亦無所措手是以强說此言修飾而已大似不得飯喫强言不饑也孔子曰未知生焉知死又曰

原始反終豈不言生死耶
又曰近思錄理學類編北溪字義等書皆不識佛猜忌而巳世人以凡情測度佛聖境界太空粟粒何足辯之豈不見晦菴臨訣困篤自悔曰到此時節輸與黄面老子一着自供欵也蓋欲遮掩心病盡住攔住後學不看佛書故作詩云誰哉繼三聖爲我焚其書恐學者多看佛書則見其心病故畓設墻塹令後學丕不出識不破也
又曰晦菴謂形朽滅神亦飄散然則祭享是誰受

亭耶周孔之謂祭祀之道是虛設耶
又曰神亦飄散之說在于小學又言范文正公曰
異日何以見祖宗于地下理學類編晦菴又曰死
則氣散泯然無迹有托生者是偶然聚得不散又
去湊着那生氣亦能再生然則何人羞見祖宗于
地下乎何物湊着生氣而再生乎自相矛盾莫能
解釋也如史記魏顆左傳彭生禮記人死曰鬼及
鮑靚記井羊祐識環等事皆與其說違戾又如禮
記太皡爲春帝句芒爲神之類若神飄散泯然無

跡將以何爲四時之帝之神乎有問人死寃𩲡便散否晦菴曰固是散又問子孫祭祀却有感格如何答曰子孫是祖先之氣所以感格若然則嶽瀆山川社稷無祀等神既非子孫皆無感格耶又姜源生稷簡狄生契伊尹空桑實誌鷹巢是誰之氣以誰爲先祖耶

又曰宋人昧佛惟橫渠至晦菴數人耳唐宋諸禪師不分儒釋平等開導豈料朱子將我佛法作儒法用欲歸功于巳轉身排佛嗚呼此機一失痛惜

無及

又曰國一以道學傳壽涯涯傳麻衣衣傳陳摶摶傳种放放傳穆修修傳李挺挺傳邵子修又以所傳太極圖授濂溪已而濂溪扣圖之深旨于東林禪師總爲委曲剖論濂溪廣總之語而爲太極圖說濂溪長于禪學工夫過于邵子

又曰濂溪初扣黄龍南禪師教外別傳之旨南諭濂其畧曰只消向你自家屋裏打點孔子謂朝聞道夕死可矣畢竟以何爲道夕死可耶顏子不改

其樂所樂者何事但于此究竟久久自然有个契合處（出附章氏家譜）濂一日扣佛印元師曰畢竟以何爲道元曰滿目青山一任看濂擬議元笑而已濂脫然有省（出資鑑并佛印語錄後跋）濂聞總得涯與麻衣二師心傳易學窮神極性乃扣之總諭濂畧曰佛性實際理地即真實無妄眞而無妄即誠也大哉乾元萬物資始資此實理乾道變化各正性命正此實理天地聖人之道至誠而已必要着一路實地工夫直至于一旦豁然悟入不可只在言語上會（云云）

濂一日與張子厚等同詣東林論性總曰吾教中多言性故曰性宗所謂眞如性法性性卽理也有理法界事法界理事交徹理外無事事必有理諸子沉吟未決濂毅然出曰性體冲漠惟理而已何疑耶橫渠曰東林性理之論惟我茂叔能之出弘益紀

問濂問太極總曰易在先天無形有理蓋太極卽易也無形之理卽無極也天地間只是一氣進退而爲四時以一氣言之皆元之爲也劉時中所得東林親筆論易之語又尹氏家塾及蘇季明筆記詳備幷有程子深愛元包四德之語胡五峰叙通

書謂濂得太極圖於穆修修得於种放放得於陳摶此其學之一師也明說太極圖非濂所作摶之學得於麻衣麻衣得於壽涯禪師（出性學指要并正易心法）濂問太極圖之所由總曰壽涯得國一之心傳其來遠矣非言事物而言至理當時建圖之意據吾教中依空立世界以無爲萬有爲祖以爲無因（無即所依）之空以有爲果（有即二氣交運）以眞爲體（眞即一眞至理）以假爲用（假即萬物化生）故云無極之眞妙合而凝（云云）濂復造佛印叙及悟由印曰吾多教人孔孟之大義今公所

負可以起之宜力行無滯東林亦有諭濂倡儒爲道學之語（出松隱雜記）濂諭學者曰吾此妙心實得故廸于南老發明于佛印易道義理廓達之說若不得東林開遮拂拭斷不能表裏洞然該貫弘博矣（出尹氏家塾并性學指要）道學性理之始實倡于涯師而至于總師總以授周子（弘益紀聞）陳忠肅公曰道學之說東林授之濂溪濂溪廣之其言徧于佛書（盞中錄并性學指要）劉潛夫詩云濂溪學得自高僧又云始知周孔外別自有英豪（出後村集）

又曰程子以太極圖授之後山後山曰余觀周程推己教人之所以及反觀孔孟以來實未嘗有此寂默危坐收工夫尋樂處以爲斯文之窮究信乎周程體道之源固有所別流矣趙說之心學淵源後跋　明道深味於華嚴合論自謂有所心融意會爲喜以其所由書于雲蓋寺雲蓋寺碑刻墨蹟　明道以亡母壽安縣君忌辰往西京長慶寺修冥福躬與齋席見衆僧入堂周旋步武威儀濟濟一起一坐竝準清規伐鼓擊鐘内外整肅歎曰三代禮樂盡在是矣弘益紀聞

靈源清師答伊川書曰妄承過聽以知道者見期雖未一奉目擊之歡聞公留心此道甚久天下大宗師歷扣殆遍猶以鄙人未見爲不足頃聞先師言公見處今覽所作法要後序深觀信入眞實不虛也出靈源語錄先師即心晦堂嘗以心法授伊川已而伊川多入靈源之室嘉泰普燈録云程伊川徐師川朱世英洪駒父咸問道于靈源故伊川作文註書多取佛祖辭意信源流之有從也胡汲仲曰孟子沒千五百餘年道潛統絕周子出然後潛者復光絕者復續

程氏二子得周子之傳周子之傳出于北固竹林寺壽涯禪師而爲首倡程子四傳而得朱文公文公復得張敬夫講究此道方得脫然處乃云前日所聞竹林遺語未之𢎞者皆不我欺元來此事與禪學十分相似學不知禪不知學互相排擊都不曾剳著病處亦可笑也胡氏大同論　歐陽玄曰程子平日愛讀佛書但不及朱氏之博覽歐陽記録伊川曰明道出入釋老幾十年伊川所作明道行狀東林諭濂有一中散爲萬事末復合爲一理及天理之性人欲之私

天地萬物本吾一體元包四德誠通誠復等辭二程傳其學故伊川著書立言皆本其意或全用其語如易傳序體用一源顯微無間此二句出唐清涼國師華嚴經疏濂溪太極圖說無極之眞妙合而凝此二句出華嚴經法界觀無極而太極等語全是東林口訣周子通書濂洛集等皆根于此周程取用佛法多此類也

又曰晦菴深諱周程明露佛語故云周子之學莫知其師傳之所自又云周子之學得之于天且夫周子通書師友章云至難得者道德有于身而已

矣求人至難得者有于身非師友則不可得也晦
菴之言悖于周子之語矣意在絕其所得之自殊
不知𠡠于天理愈令節病彰焉有若韓子見大顛
後所有敬佛之辭後人刪而去之晦菴校韓文尚
留韓子上大顛三書後人再刋又將此一併刪去
故知後人旣服晦菴之藥執迷于排佛尤甚于晦
菴爭知晦菴設此關竅曲排之也故人不識其所
以然將謂是實從實而排之所謂一人傳虛萬人
傳實也嗟乎晦菴所設後人尚識不破也

又曰晦菴所用佛語若虛靈不昧此句出唐譯大智度論併禪書不可限量出華嚴寶積大集等經似是而非出潭津集大學補鈌全是禪語畧合翻變之始言一理中散為萬事末復合為一理眞實無妄眞實之理有是理而後有是事天地之理至實無妄聖人之心至實無妄皆是東林口授周子語意能知覺所知覺楞嚴經等千聖相傳心法脫然有悟處又非見聞思慮之可及也物我一理固有之性心之體用吾心正而天地之心亦正萬物之本原一心之妙用活潑潑地徹頭徹尾做工夫到這裏咬菜

根無縫塔三句語劄着病處一刀兩段一棒一條痕一摑一掌血（皆出禪書幷諸經）註復卦引楞嚴經語爲澄據云非惟年有變月亦有之（云云出周易附錄纂註）晦菴註四書等幷諸製作多用佛法以佛經禪語改頭換面翻變其語而取其意如是用者遍于羣書而又諱之是何心哉

又曰晦菴早從延平久之恨無發明及詢長者指令禪學乃徧謁禪老與東萊南軒同問道于大慧（出大慧年譜後）十八歲從劉屏山屏山意其留心舉業搜

其餘惟慧語録耳出尤焴所作大慧語録序并拱辰集等書嘗致書于開善謙禪師曰熹向蒙大慧師開示狗子佛性話頭未有悟入願授一言警所不逮謙答書曰把這一念提撕狗子話不要商量勇猛直前一刀兩段晦菴覽之有省出資鑑拱辰集性理羣書又有書寄國清寒山子詩刻成幸早見寄見寒山詩後有問今士大夫都入禪家去何也晦菴曰是他高似你你平生讀許多書記誦文章所籍以取功名利祿之計者到這裏都靠不得所以被他降下了王介甫平生學許多

道理臨了捨宅爲寺本朝李文靖王文正劉元城吕申公都是甚麼人也都去入他禪學佛經說六根六識四大十二緣生之論皆極精妙故前輩謂孔子所不及也四大即是黿鼂十二緣生出華嚴合論佛說本言盡知世間萬事後却說出實際理地不變一塵萬事門頭不捨一法達磨盡翻窠臼倡爲禪宗親義學尤爲高妙金剛經大意只在須菩提問云何應住云何降伏其心兩句上故說不應住法生心不應住色生心云云禪宗有云有物

先天地無形本寂寥能爲萬象主不逐四時彫撲落非他物縱横不是塵山河及大地全露法王身若人識得心大地無寸土看他是甚麽樣見識今區區小儒怎生出得他手宜其爲他揮下也朱子語錄

弁易解歐陽玄雜記性理羣書

又曰濂溪問性于東林答曰性卽理也東林以性之瑣末應酬而已理之一言豈能盡性之道哉猶曾子曰夫子之道忠恕而已矣忠恕之言豈能盡夫子之道哉此亦應酬而已濂溪以性卽理之一

言取足于心授之程子後來晦菴倚待其說乃以性即理者爲千萬世說性之根基中庸曰天命之謂性率性之謂道晦菴注云性即理也率循也以即理之所言指之爲性循此即理指之爲道晦菴以此所言釋副中庸之義也安得子思再生論此道哉以上皆景隆尚直編○按今儒生客傳朱子臨卒謂人曰到此輸他黃面老子一着又傳朱素亦潛有修習其卒亦是坐亡門人恐人知見推作之此二事前輩遞遞傳之亦謂有所據見而爲朱諱之又不可泯故口相付界因記于此又如宋人雜紀事書載陳正叔每每携門人入寺講習則終其日茹素又記康節入寺必拜佛程乃否有問者亦不詳說其故如此類尚多今無暇一一撿

附

又曰天生東魯西竺二聖人化導烝民雖設教不同使人福善一也東魯則曰存心養性西竺則曰明心見性究其實雖若稍殊世間之理其有出于一心之外者哉心者萬理之原大無不包小無不攝能克之則爲賢知反之則愚不肖矣覺之則爲四聖反之則六凡矣世但見修明禮樂刑政爲致治之具持守戒定慧爲入道之要一處世間一出世間有若氷炭晝夜之相反殊不知春夏之中而

萬彙榮秋冬之屆而廢物藏皆一元之氣運行氣之外無他物也達人大觀洞然八荒無藩籬之限無戸閾之封不事形迹而一趨于大同小夫淺智肝膽自相吳越者烏足以與于此哉宋濂

祝子罪知録卷七終

曾孫男世廉謹輯

九十五

祝子罪知録卷八

吳　祝允明希哲纂
王世貞元美校
楚　陳以聞無異閱

舉曰文極乎六經而底乎唐學文者應自唐而求至乎經

說曰夫合靈結秀唯在斯人身所苞藏心情理氣及其心動情之自鳴于口口之所發理氣借形如理直而氣英則音調而辭美菊尋物類厥趣實同

故鳳鳴中乎宮商梟聲噪於鬼蜮絲清而響振革濡而韻沉是以聖后謨都俞之和獷夫厲喑嗚之吼何莫不由中也然而生知者本備學聚者宜力所以云脩辭立誠尚體貴達有其訓矣文也者非外身以爲之也心動情之理著氣達宣齒頰而爲言就行墨而成文文即言也言即文也上古之人言罔匪文文匪飾言由其理足而氣茂故自然也然而志趣所建崇尚沉實豪穎之宜須求藻麗譬之于木必根直而柯樛葉敷而花豔豈徒枸株糜

龔而可以謂之木哉有如乾坤曷不卽名之曰徒順元首股肱何不便呼之爲頭脚或使歌曰頭顱明哉臂脚良哉則成言詞也乎故知聲之成章雖文質相須語厥爲體必摛文被質所以謂之文而不稱曰質必然者也文體旣立其狀自殊則有齊停整截句句平鋪者如欽明文思允恭克讓乾剛坤柔比樂師憂是也有嵬巉險阻廉稜峭刻者如不惕予一个困于葛藟于臲卼則病者乎噫是也有深沉緻密韞匿寡重者如弔由靈朋盍簪敘欽

是也有紓遲宛約風調窈窕者如吾將仕矣我书
也與哉專以禮許人獨吾君也乎哉是也有方嚴
凜冽氣厲色莊者如非吾徒也老而不死是爲賊
狄滅衛是也有散野儻蕩不粘甲乙者如一不其或
稽雲士夢作又則豈不得以其母以嘗巧者乎是
也有明白洞達皦露腎腸者如以爾車來以我賄
遷其爾萬方有罪在予一人予一人有罪無以爾
萬方是也有縈紆纏糾反復鉤連者如女曰觀乎
士曰既且且往觀乎念茲在茲釋茲在茲名言茲

在茲允出茲在茲是也有鮮采華絢豔麗妍媚者如日月星辰山龍華蟲宗彝藻火粉米黼黻螓首蛾眉笑倩粉盼是也有冷語慢詞口此心彼者如女安則爲之吾得[illegible]乎哉吾死也吾二下也是也有至簡者如蠶烝柴嘗是立孫今蠶美而豔是也有至繁者如無乃使人[illegible]笑不以情居瘠者乎哉苟無禮義誠慤忠信之心以蒞之是也有衍簡而繁者如自古在昔先民有作古曰在昔昔曰先民疾大漸惟幾病日臻既彌畱是也有束博而約者如安

驪姬爾惟風風下民惟草盾夏日之日衰冬日之日是也此其大都也昔嘗偏用枯瘠盡削鉛黃而以爲文之本體者哉夫子之世羣言膠轕舊典混淆子乃芟刈條緒以成六籍凡古今之文鍵樞治教者畢集于兹而爲文之體要貌態亦斯咸備然非夫子之各剏而騁奇也皆先後君臣士庶婦稚之所爲其製自殊而固具也惟春秋人云聖筆然而本史文也將存其故而筆削者多爾亦固有之體也六經而後百氏遞興雖其理有粹庬而辭無別

致總厥大歸無越乎宣父之六編者矣時則三傳莊屈稍樹藩墻兩漢馬班亦築蹊隧從兹以逮康家百才踵生千英坌起雲蒸霧滃木蔚禽鳴有此宇宙安能瘠墨遂至堆垛簡編充咽棟梳孰不學步九經攀援三史或馳騖莊雅或蜚聲俊逸或以奥澁鳴或以纖豔著其間蕪聲類句恒居過半即如今人所病魏晉之浸衰陳隋之極靡道其理氣斯誠然矣然皆按規而造輪持矩以搆室思逐景于羲娥願迹塵于夸閭誰非擬諸經籍者哉所以

爲是萎遲者良由其理局氣猥乃至音澌步躓非過文之罪也猶之士未論崇卑必五章以朝玄端章甫韠紳璧珮藻火黼黻斯以成士猶之女無論姸醜必衣裳以處副笄六珈耳璫手帨纓囊茝蘭斯以成女惡有裸裎秉笏鞠躬敷奏而曰吾爲良臣袒跣蓬垢侍養定省而云我乃淑女者乎吾所以云文章體極乎經而底乎唐學文宜由唐以求至乎經誠自以爲不疑而學賈誚于衆夫也奈何近士從唐而降乃有異談即後段四言之說實錮衆懷獨

傷余聽其議辯之詳存諸後簡此姑引前說而申之以終狂斐夫經文之所以爲至者何也以其篇無無用之句句無無用之字一字有一字之義一句有一句之情一篇有一篇之旨由其道廣理充氣厚情實所以自然豐茂初非冗疊亦如五采作會而袞韠之製無贅八音繁奏而肆堵之數有倫抑乃雍邕舒暇非如公牒貨籍窖積而徑注也以言其質則典重莊慤不佚于空浮以言其文則秀粲英鮮不墮於蠢惷凡後世之所慕若莊雅者莫

如之雋逸者莫如之奧僻者莫如之葩麗者莫如之高莫如之大莫如之深莫如之富莫如之清莫如之峻莫如之潔莫如之古莫如之奇莫如之介莫如之和莫如之嚴莫如之泰莫如之險莫如之平莫如之放莫如之約莫如之宛委莫如之條遂莫如之威勇莫如之蹈厲莫如之含蘊莫如之典發莫如之沉潛莫如之諧隱調謔莫如之一唱三嘆餘永不窮莫如之蓋所謂時然後言從宜以發人見其然而非有意作異以然也後人所以不及

者又非句句字字都不及也得其定者而不得其時者得其偏者而不得其全者于是一切歸於整比堆垜纖細豔麗遂令後來獨見其繁靡稚弱亦足憐也若是者雖都甚于兩京當塗浮于後漢六代加于魏朝所以唐室之中因有矯而更張之者然又焉能外六籍三史而度越之又安能盡捐故習而背馳也其諸名家如所稱王楊盧駱燕許陳梁權呂元白四李華翰觀邕獨孤之徒又如稱李杜又如稱籍湜翺詹等凡其標而出之固亦爲然然至

其他從事于斯武德以降天復以升三伯載中弗可枚數綜而論之此優彼劣甲短乙長又焉可都謂其滌濯不盡六代脂粉而果遂奴僕于上之數君哉今擇唐之尤者卽若數子以及前後他名篇等而擬諸六代雖若凌芻或同籔粃瞻之在前忽焉在後縱當推讓初非絕懸而何談之容易乎哉詳在後篇嘗觀往哲之述平章翰苑若士衡之賦彥和雕龍之類與凡唐前有談及斯道者往往與吾意合至乎邇來之議如陳騤之倫稍得豹斑他則塗

目仗耳黨汙狗淺很腐可嗤亦詳後篇演語近人選輯云云夫文出乎天造而主於明道誰則不知何必攀援河洛于引天地動輒凌駕世道自炫高遠及至究其歸止竟逐目睫耳輪之接止于孟韓以下數人而已腐頰爛吻觸目可憎噫嘻何哉吾竊哂之此謂近代之言大率一類即後段所列者如宋濂文原之類益甚耳果志于斯曷不策勵我實勳當自超卓彼所援者吾且置之不借之以表高彼所究者吾則自信不狗之以償志曷為實勳理務窮之氣務完之皆令其博而不局高而不卑

清而不汚遠而不促大而不細精而不蕪粹而不駁深而不淺容而不漏寬而不拘厚而不漓潔而不纇重而不漂沉而不浮順而不梗腴而不陋豐壯而不寒鏘鳴而不咽于是窮披丘墳精研竹素根本乎五經今存焉耳平攬乎十代秦漢魏晉宋齊梁陳隋唐俾聖膏哲髓蟠蔚吾襟于是擷華搴英澄泥汰濁心師手匠中萌表觸不得自墨而隨吐之時雅而雅時奇而奇時繁而繁時簡而簡凡諸體狀皆隨意以賦形志整暇則自出于堯文之戶欲嚴切則自立

乎魯史之墻追及他製罔弗流形無偏於質若近代之一於枯瘠弗黷于文如昔人之劣而叢挫必瀰而不溢也高而不危也逸而不偎也麗而不靡也金石殊懸而宮商自協玄黃烜簉而經緯不紕夫如是亦可以爲成文矣夫人生而動所以利用安身賡對萬有至夫佑弼家邦裁成化育心情理氣厥惟攸主耳目口鼻乃用之機機之施受聲色臭味作爲而已其施與受正大高明而爲君子否則反之其用大矣然余謂文者非特聲之一道而

巳推之餘道實惟兼總故黼黻王畧絺繡之倫昭明玄緯分布地宜煙霞草樹作其姸姣丹黄鉛黛錯其綵絢是則色之具也谷蘭巖桂襲其芬也谿菁沚藻揚其韻也海沉龍腦凝其薰也降眞丁廚迸其烈也挹玩而不能舍珮昵而永有聞斯則香之有也適口甘脣劇熊魴之腴鮮沃心飫腸屬膏粱之厭雋和神助氣廣體胖中是亦味之類也至夫拱揖執持周旋舞蹈雲行山立天戴地履一是作爲威儀惟肖文之攝乎四體用者如此也其盡

聲之本事則口之而爲言手之而曰文罔不惟仁義之布禮樂之達忠信之行行業之舉政治之效暨乎顯道長世最萬靈參三才有序而成章中律而合度察變化成洋洋孔嘉文從志以必達行因言而必顧信斯言也豈惟文哉亦可以爲成人矣系曰士之論高何必以文答曰夫人有文質乃成物有華而不實有實而不華者易曰聖人之情見乎辭出口爲言集札爲文文辭施設實情敷烈夫文德世服也空言爲文實行爲德著之于衣爲服

故曰德彌盛者文彌縟德彌彰者文彌明大人德擴其文炳小人德熾其文斑官尊而文繁德高而文精華而晄者大夫之簀曾子寢疾命元起易由此言之衣服以品賢賢以文爲差愚傑不別須文以立折非惟于人物亦咸然龍鱗有文于蛇爲神鳳羽五色于鳥爲君虎猛毛蚡蝓龜智背負文四者體不質于物爲聖賢且夫山無林則爲土山地無毛則爲瀉土人無文則爲僕人土山無麋鹿瀉土無五穀人無文德不爲聖賢上天多文而后土

多理二氣協和聖賢稟受法象本類故多文彩瑞應符命莫非文者晉唐叔虞魯成季友惠公夫人號曰仲子生而怪奇文在其手張良當貴出與神會老父授書卒封留侯河神故出圖洛靈故出書竹帛所記怪奇之物不出潢汙物以文爲表人以文爲基棘子成欲彌文子貢譏之謂文不足奇者子成之徒也王充

刺曰今稱文韓柳歐蘇四大家又益曾鞏王安石作六家者甚謬誤人

說曰所以謂從唐而降乃有異談者卽此四家六家之云也嗚呼誰生厲階至今爲梗蓋自蘇軾言韓文起八代之衰贊唐史者亦謂三變而文極從是耳學膠懷高下一流矣士號知文者其所選輯無慮數家莫不隨聲逐景無復尋索村塾書坊亦復紛紜至于茲辰八齡三尺之學父師詔之此子承之未識世間有何典籍詁及文章輒已能道韓柳歐蘇之目略上者卽稱六家已咨言四家之寡陋矣比及少長目未接蕭之選姚之粹聞評古作

便贊秦漢之高古斥六代之綺靡其意以爲前人論定何更權量四家六氏無復加尚猶五嶽四瀆與三變而來無復遷易猶三綱五典與祇應千古守轍終生服膺而已嗚呼茲吾所謂誤人也又如言學則指程朱爲道統語詩則奉杜甫爲宗師談書則曰蘇黃評畫就云馬夏凡厥數端有如天定神授畢生畢世不可轉移宛若在胎而生知離母而故解者可勝笑哉可勝嘆哉夫其所謂三變則誠變矣然非前已歷變至唐而又三也自有文字

以來上昉六籍下薄五代此五代謂晉宋齊梁陳大抵一貌少有優劣高卑爾直自韓而後乃一變之遂至于今改形易度雖其所斥韓前未變之作亦自古昔相承漸偏而靡非若後之頓別而懸殊也且就其說而究之其所以病之者謂其比偶也謂其綺麗也謂其縟積也謂其故實也謂其奧澁也謂其迂頓也謂其豔冶也噫斯見也亦可知其迷昧倫類也已凡是目者若不善也然而文之本體所具者也如據而反之若反對以散反麗以朴積以踈實

以虛奧以淺頓以經豔以素若善也然以文之本體所具也由其爲不善者以偏重而過偏重而過而墮于不善假令從其所反偏重而過則又寧能以獨盡善乎夫文之爲物本末偕建華質雙形弁苞而不遺並用而不悖躡中以攬邊握要以延博時質而質時華而華理欲其質詞欲其華骨欲其質貌欲其華是豈余之私哉聖哲所示居然可稽是故曰繪事後素不曰徒素止爾無庸繪也曰斐然成章不知所以裁之不曰勿斐勿章無事裁也

子貢曰文猶質也質猶文也虎豹之鞹猶犬羊之鞹至于夫子亦曰質勝文則野文勝質則史文質彬彬然後君子嗚呼元聖上賢貽訓昭晰繽繽學子亦曷爲是漶漫耶用是粤徵方策鴻筆爛然水流濕火就燥鼓之以雷霆潤之以風雨謅爾諄諄聽我藐藐故謀用是作而兵由此起非對偶與錦衣狐裘顏如渥丹火龍黼黻三辰旂旗春日載陽有鳴倉庚女執懿筐爰求柔桑非綺麗與璆鐵銀鏤砮磬熊羆狐狸織皮芝之栭蔆椇棗栗榛柿瓜桃

李梅杏樝梨薑桂司徒司馬司空亞旅師士千夫
長百夫長庸蜀羌髳微盧彭濮非綿積與嚋離祉
鴟義不蠲蒸聒聒起信險膚抑磬控忌抑縱送忌
抑釋掤忌抑鬯弓忌非奧澁與非女封刑人殺人
無或刑人殺人非女封劓刵人無或劓刵人人喜
則斯陶陶斯詠詠斯猶猶斯舞舞斯慍慍斯戚戚
斯嘆嘆斯辟知我者謂我心憂不知我者謂我何
求駉之篇芣苢之篇瓠葉後之三章非迋頓與有
若伊尹有若保衡有若伊陟臣扈巫咸有若巫賢

有若甘盤有若虢叔有若閎夭有若散宜生有若太顛有若南宮适非故實與手如柔荑膚如凝脂領如蝤蠐齒如瓠犀螓首蛾眉巧笑倩兮美目盼兮其誰謂其雙雙而俱至者與非豔冶與夫彼以是爲不善者也故欲變焉如扣之曰斯聖哲之筆也奈何則必曰無變也彼所病者法此而過爾損之宜矣奈何變而反之如從其反以見之元亨利牝馬之貞嚚訟可乎其在于今典迷亂于政顛覆厥德荒湛于酒女雖湛樂從弗念厥紹罔敷求先

王克共明刑若昊天有成命之篇非解散與畜牝
牛吉不宜上宜下入則孝出則弟小人在位君子
在野太任有身生此文王正春一脡春一横春一
腸一胃一醫是鱁鮧狗足非朴素與包羞引兇大
水如初庸庸祗祗威威盧令令其人美且仁比之
初吉有宅吉也非疏簡與毋不敬震起也艮止也
行人得牛邑人災也無信人之言實廷女寺人孟
子作爲此詩凡百君子敬而聽之非淺易與否立
孫忠矣清矣聞斯行之女安則爲之然非與曰非

也予則孥戮汝雖速我訟亦不女從傷胥乾肝焦肺非徑疾與春正月秋七月其無乃是也乎以致五至而行三無喪事欲其縱縱爾吉事欲其折折爾騷騷爾則野鼎鼎爾則小人君君蓋猶猶爾非空虛與臀無膚比頑童踰垣墻竊馬牛誘臣妾無齧骨無遝羨毋投與狗骨屨帝武斂歆小溲與犬牢而得文王先生如逵不坼不副使二姆子夾我非陋鄙與是則其所善也將變而趨之者也然而圓與前者並列乎汗簡者也故知文之爲物無所

不該而其體無所不具由有書契以來其範備矣雖古人貴質而後代多華然智創巧述或浸流別質華二道兼施並發誰得而廢諸不知近代之所謂華適古人之所謂中爾且夫七竅四支天所賦予故不能以多異衣裳宮器人所造構與生俱有亦安得而大殊今以千百載相承相畀之文何獨不能隨時相宜小小矯削令其協大中歸哲范以成完體而翻欲枉度詭謨構奇追俗顓務偏枯更稱反本鈞衡顛懸名實倒戾豈非大繆也乎前篇

士女之況覽者應爲得之此復累轉向近而切言之夫古人之爲衣服也無事于華質而起也以障軀也冠令韜髮可爾曷爲而危其頂博其周又益之以梁武輔之以帶翼爲是其紛煩耶衣足束骸可爾曷爲而袂容數尉齊垂及趾又縟之以襞積尚之以絺繡爲是攢遝耶非過華也後質也是物理之宜焉又喻之于身文之理義骨骼也辭句肌膚也華采毛髮也人肉必倍于骨鬚髮必浮于膚自然之勢也不如是不足以爲身身若是聖人且

以爲鄙野而被以冕裳鳴以金石作以舞蹈何獨
于言而不然苟取一人褫厥衣冠裼其四體已不
可以目矣又欲刲剔其膚革翦薙其毛髮一髑髏
枯腊于前尚爲人也否乎所以謂斯見斯譚長繆
誤人豈不然哉然而亦寧是六子必令人然以至
于若今之憒弊也然而六子者始之也其初韓柳
之變變其大凡謂八代偏墮綺弱所謂過華因矯
其甚殆以防風之暱而思衛玠之癯令中庸耳矯
之少過猶弗能以盡服當時之心故其徒二三子

外從者終鮮孫樵羅隱少復近之其外猶故習也沿洄五季大槩一機其間勝者如陶秀實徐鼎臣等亦粲然大章乃至穆脩尹洙張景柳開石介之流自任知言乃始以爲追武韓柳上薄秦漢然實捐章甫而就裼裘擯甘脆而咀蓼荼是用全改在昔之成模肇呈今日之異貌即弊文之職由也于是歐陽氏蘇氏曾氏王氏競爲趨逐而機斯膠矣四人情狀亦殊而大歸一致要爲過矯墜偏枯瘠刻削而弗準于中庸矣顧且軒視自擅以爲砥絕

狂瀾高陟聖域遂令餘子揭裳從之溺而不返日慆沮洳千古人文一朝彫槁今姑試即六氏評之永州雖不盡用八代完規猶亦不爲一時世態少過質而尚豊不掌合而猶偶與古未甚胡越亦厥特高者也昌黎斯已甚矣又傷易而近儇形麤而情霸其氣輕其心昂其志悍其態驕其口誇其主好勝其發疎躁先王賢聖清和融暢之風温醇深潤之澤飄泗或幾乎盡矣廬陵逾務純素轉立孤迥如人畢生持喪終身不被袞繡蓋自謂近宗一

愈遠祖軻遷其豈然乎眉山更作儇浮的爲利口
發不顧理而主于必勝出或誕妄而要人決從譁
獷之氣肆溢舌表全非長者適比儀秦雅宜鄉儇
里治之子所以使其犇迸狂顛而不息固應爾也
曾王爲語縮縮如有循焉既脫衣裳并除爪髮觀
其酸寒苦刻迫促隘急謂之文乎謂之質乎如以
六氏之文而方夫人柳若冕裳珮玉而少施絺繪
稍備章程雖乏之虞廷之觀猶先王之法服也冕而
青紘者與退之襴幞把笏偘偘朝廷櫜鞬騎射馳

絶行陳文隨陸之文武孫武之武其諸異乎周公師尚父矣傲立辭壇誠變法之吏師乎永叔辟穀餐松赤體澗卧自許長年亦竟非能被五章聆九成亦未克臻彭聃之長上古而不爲老也子瞻法吏慮囚怵誘百出論辯如流必在引承令居孔門宣父之云焉用佞也其斯人乎鞏石獸齧腊骨展轉不已索胑于枯竟無滋補三家聚中夫也且假以一文而令六子爲之柳當用百言而盡古人之十八韓且居半歐蘇蓋曾王一耳抑歐蘇漁漫固

合枯短曾王既已縮積宜爲豐實何復轉薄蓋亦
有其故耳何哉古人雖過稠疊而且句句有指字
字有來一篇大歸既已了悉而單詞片言咸有憑
依非經即史非史即傳故咀之而益雋味之而逾
永此其學充而才廣自然辭腴而旨長夫豈不能
爲六人之寂寞與富而殺物也易寠而備事也難
勢固然也然而六氏亦不識其來弊之極如今日
也病乎其作始之涼可憾也今以其茲辰之自六
氏者而觀之果何如哉一篇之製或數百言撮其

旨不越數十字而足矣然而正言曲證前引後申所引不過舉業之書所申不過舉業之義實義無幾助詞累倍乎而疊疊之也紛紛常若耳提孩稚保嫗乳婆所謂躁人之辭與皆濫觴韓氏而極乎宋家四氏之習也雖稱六家爲誤柳亦可以拔出韓歐次之蘇與曾王則其靡也今之學子戲談有云五五十五篇尚書絕無也字此言雖小可以喻大槩以吾說而尋玩六經爰及舊觀則可知其不必非違衆以犯不韙也唯六氏者認此捐彼遂令從之如雲結舌六經謝迹先軌雖

有英姿瑰智擲置瓊瑤出沒沙礫寧負天子之通才用遵守文之俗計以避矯異之小嫌恐失當時之名尚要之爲人而不爲巳故不信巳而更信人斯余所謂誤人也然爲累下者察之亦有由矣蓋所以願從人者非特眩色而吠聲亦本緣樂其功苟而易辦爾何則爲八代者必皆曰聲五車腹笥千載揮金如土而後能之使獨若六家者只解巧思便可開口淺中狹受利口薄情稍獲毫毛可就篇章約而求之一首三五百語可當古人數言而

已豈非功苟而易辦故下流而弗還者與昔者或
有譽吾吾嘗答云使我赤手侍古人側殫我平生
之蓄當不能並其人一日之談此非沖孫人豈不
自知耶亦但語其儲殖之厚薄云爾非以識鑒云
也嗟乎救水終歲不覿瓊筵箋乞遊陌長無蠡頓
其將竟如斯而已乎亦可閔已
系曰唐世文稱韓柳晏元獻嘗云韓退之扶導聖
教剗除異端是其所長若其祖述墳典憲章騷雅
上薄三古下籠百氏横行濶視于綴述之場者子

厚一人而已然學者至今雷同稱述其實豈無優劣達者觀之自可默喻陳善

演曰姚鉉序文粹稱不及韓平淮碑亦不錄而錄段復載石烈士語意當時衆心不服必甚有曲折姚已見知人傳韓段二文用舍之故及所傳亭壁之詩而復爲鑒定如此正其徵顯闡幽折衷至公以詔後世之意者李晟武臣裴度時相故其趨舍如此是亦賢不肖之態古今一律韓亦不免者乎誠可嘆息非偶然也詳論韓愈下此不殫悉

又曰韓亦一從孟耳孟在孔筆之後三史之際乃特澆喧浮躁正是後來變法之萌後人乃特稱其善此正文弊病根

又曰宋四家之外如蘇氏父弟秦黄晁張唐庚之輩甚衆皆是不足盡及亦不暇也

又曰宋脩唐史景文獨異時習專祖班生雖未純至乃過于脩而時倒稱之如唐庚者最極繆妄庚本出蘇詵言不作

又曰所稱近人選輯之繆者如呂祖謙眞德秀樓

鑰謝枋得李淦之屬悉是由其取舍主意詞必本枯鈍理須涉道學不知大通之義千情一律而已論文如宋諸雜小說中亦皆然邇日如唐之淳文斷宋景濂文原之類彌甚至于書肆輒自聚刻古文之屬尤極錯亂不成書矣

又曰宋儒有言文到歐陽曾蘇理到二程方暢此正是今日士子膏盲主意科舉之文即其効也然用爲古文之法可乎王氏之文過于六經諸子乎

又曰元人之爲固守宋說往往其名愈著者其似

愈切或能少異名乃更下如虞集歐陽玄輩未遑
備列此正宋變之後傳用新法之自徒以付授至
于今一成而弗返者也
又曰　本朝作者我則不暇有如玆辰師心違衆
超然高步今是昨非變曾至道者乃有其人是也
寔幸同心不遺文會斯亦未能指稱服膺無斁

世廉謹輯

祝子罪知録卷九

吳　祝允明希哲纂
王世貞元美校
楚　陳以聞無異閲

舉曰詩各有所至四言五言樂府由陳隋泝洄而止乎漢歌行近體由漢泝游而止乎唐

說曰棼然談詩馳虛置實高翔奔蕩之域畢尋句字之始上輙四始六義下乃溺宋漂元不知卽物平求則難易自形勝劣斯見師友爰在從違弗迷

也且夫展性情叙事爲發理道敷政教彰風俗體物象帥存乎言言者或散維而稱文或章句而謂詩文也者豐約逐宜延趣隨賦平轉不定音尾絕無必韻觚翰信發篇章自從詩也者彼定門堂我循階屏用永以和聲求聲而和律義博者束之情紆者申之微者著之露者沈之戶邇而襟遐發此而存彼或條遂以暢旨或潛伏以含味其趣無窮其詞有度大抵須用局語以苞泛懷務令句意以就成格斯則詩之難於文豈非決定者乎不然則

醜劣校然其病百出故文之爲體有百其門始典謨訓誓之類通後來所命不俟一一詩雖數形率一等爾若四五七言長短等句及有歌謠諸目亦無大遠絕其用有定之詞極無涯之意亦同雖少有修短以盡意竟不同文至唐近體益深矣暨乎劣陋蹇滯之患詩文固均至若精微神妙之境二者亦共而詩特最焉何哉大畧亦前故也葢文之所爲妙者潛操杼軸忽樹城隍或衆繁而我乃約麼百語於片言令望壓萬夫或皆直而吾更迂鋪淺說於弘觀使爛盈衆目雖繩尺之不踰終邊幅之不限亦終易耳詩則寓詞逾縮寫心

逾邃假以成章之一篇將罄欲言之諸意則必文包百之詩千之文包洫之詩海之文包雲之詩天之務須陶汰煎融乃得砂窮寶露金之銑也玉之瑜也鬼旣駭人越鬼而神神且妙萬超神而帝天帝尸死而心活辭往而意留諷闋而襟冥氣作而機敏至哉詩道本自乃爾則匪憑虛之謂也是故矩矱墳丘䂓撫禮樂倚擬繇彖肖貌春秋莫不經師睎聖信而述之或有作焉開門剏目頗建顯標厥亦尋踪履景少異步趨云爾文製百塗文流千輩

烏有外數聖絕數經而曠世他立者與惟詩也不然雖權輿乎四始忽改玉於諸英今之五言也（此即謂漢人踵三百篇造爲斯格定作五言後來號爲古詩又以見自昭明所録稱云選體始别呼謂非有深旨今亦只謂之五言）樂府也（本出漢創後既襲之或少添創故皆用本稱）五七長短歌行也（五七長短謂句字類歌行者皆是）律之五言也七言也（八句四韻）五六七言之絕句也居然異也義祖三百而體寔别也非差列之别大都别也然且五言不侵於歌行樂府無犯乎律絕别復别也通之終無假乎三百咸自始也非句言之别模範聲音韻尾

度態情致諷局種姝件各不可溷也故其爲五言也若昔無三百也爲樂府也如無五言也遞而下之皆然也漸出於時各立人壤智作巧述傑然爲家噫嘻士乎誰非根聖源經然而文能小出詩乃大更風行物表詩達經外猗與士乎作之也者其亦能言之聖哉況又一製之間還能變化各臻妙地亦故姝科是故其爲五言也漢家肯構接武之是西京一格也東都少辨猶當弟昆亦一格也曹一格也謂魏馬劉一格也晉宋二蕭一格也齊梁陳楊

少靡當蕭附庸陳隋陶信自挺要冠其代淵明夐然不可謂二漢一門所以云爾雖則高甲稍姝要之各有至處亦不必如後世所謂陳隋綺靡懸絶漢魏之風骨過爲抑揚而不依乎中庸也樂府本自漢聲繼雖擬引遷流故當愈上愈嘉爾歌行長句濫觴漢府轉復鋪張而爲之亦鮮中間若曹王亮切鮑郎俊逸頗復雄響軼羣文姬憤拍乃存漢韻其他雖襲篇名大帥五言本體四言之製亦同憲章三百大抵前多遲重後浸纖露非無典語亦有低昂駢鋪全體

違亦非遥陶固冲澹尚别風雅凡此以上通就十代而云爾（兩漢魏晉宋齊梁陳跖跋周隋）逮及唐家遂成專業然而雖接條枚終焉是别一解覯其情辭已極盡已致格力乃稍謝前修中間五言四言歌行樂府大率攺作亦自馳驅深淺而槩少殺于昔人歌行猶近樂府亞之五言遠矣（四言單鮮無論）然而莫不成章斐然昭映惟其近體五七律絕厥惟跨昔越來盡美盡善凌霄揭日壓嶽吞溟三百之内膚毛骨肉顔色聲音姿態容度性情心氣理義滋味語默動靜

精華風趣髓腦百體至於極妙之妙絕玄之玄莫神之神不可以言者總在深得而時或過之洋洋唐聲獨立宇宙無能間然詩道之能事畢矣聖人有作其亦不易之矣抑此亦其大凡其時其人中復少辯故談者多主爲優劣時以初盛中晚別人以類如四傑李杜之屬別而要謂晚不及中中不及盛盛不及始人時皆然亦確論也至於去就每不折衷槩爲高談所嚇類欲斬絶子孫而孤守宗祖禰剥冠裳而赤立筋骨愚且違衆輙用蒙見綂

而條之時而出之蓋曰五言獨爲漢魏最高爰及六代亦可擇尤而從隨宜以就唐則姑欲置之歌行長調宜衡覽前後益用精遴樂府秪應法漢止乎唐前入唐僅僅綺靡一二當更置於歌行也近體猶唐更無他岐倘涉殘唐則亦靡矣斯惟愚所自安其揆亦大通之寔弘軌也又若諸家評隲枉戾百端室語玉屑之徒不暇枚舉嚴羽之談緻爲可取餘諸僻妄畧存後講在詩死宋下近日或有高姿崇議將以裁自當塗百製一轍信亦卓爾抑吾恐王會之來畿

兵荒戎衢徑縱衡川海錯絡無乃不容梯航之一跡乎雖然四言五言樂由陳隋泝洄而止乎漢歌行近體由漢泝游而止乎唐蒙之見蒙之言也亦何必以羣賢

又曰楚聲亦自風雅別作格態小變而大近與諸詩角立乎三百之後爲之者固當祖述靈均尾漢而止賦自荀後型模亦漢亦兼三百屈氏而成迨後襲附出入無大相遼高下每逐時區要自唐前而駐唐之超妙肩前人者數士幾篇止耳此不及詳唐

之下者巳不足從宋作林林適自傲擅覘古醜焉

、荆吳呼王但爲發一噱爾

又曰今所謂詞者或呼爲南詞或爲慢詞或長短句新樂府詩餘近代詞曲名亦不定妙亦不傳蓋其製興於唐妙亦息於唐源發漢樂府波漸李氏於時知音之俊遂能用律而度爲之可絃可管其初作於明皇太白則與詩之盛唐齊出豈謂纖淺於詩哉全唐之世存見無幾今惟金奩花間集尊前三書可畧見之餘固本少編集今日舊書又稀益罕得聞然自其後五代宋初世稱文

弊而詞學無降宋自一二輩外淺薄遼遠無復前規雖一時所號文宗詩家竟不能步驟前輩一迹及其愈後愈變遂至頑嚚麄戇細屑破碎儇浮褊躁醜怪千狀至如賦僧之隱語諢訟之詭詐屠沽之駡詈兒盜之椎摶鬼魅之嘯哭市尨紈袴之乳口蠻蚓蛙鴉之聒噪可厭可惡之極而難乎復耳顧世之資性相近者轉溺愛之遂令販鬻之徒不能刻布筌花等編而妄聚宋人冗屑之物如草堂詩餘翰墨全書之類盈耳遮目無計祛除大槩唐

稗二、冥知錄　　三五十

人無不精神妙絕青蓮聖者飛卿諸俊繼之及諸南唐西蜀等流固是濁世之佳公子宋惟永叔特當綴流[redacted]叔少近亦異同盟此外乃屬之耆卿邦彥辭巳不倫而情猶躡足謂其尚能知律故且代匱又後多推幼安乃至伯可堯章亦以姑諳音調而辭則瞠乎後矣故是趙氏之凡姿也至如秦黃晁張等特爲市廛小家之子蘇益木强踈脫而時反尊之斯亦宋人崇道學尚杜詩雅六家文一律之見無事煩陳又如元好問等大率皆然更不遑及

系曰自風雅寖聲莫或抽緒奇文鬱起其離騷哉軒翥詩人之後奮飛詞人之前可謂金相玉質百世無匹者也贊曰驚才風逸壯志煙高山川無極情理實勞劉勰

又曰建安之初五言騰踊文帝陳思縱轡以騁節王徐應劉望路而爭驅慷慨以任氣磊落以使才造懷指事不求纖密之巧驅辭逐貌惟取昭晳之能正始明道率多浮淺惟嵇指清峻阮指遥深故能標專晋世羣才稍入輕綺張潘左陸比肩詩衢

采縟於正始力柔於建安或析文以爲妙或流靡以自妍其大畧也江左篇詠溺乎玄風袁孫以下雖有雕采而辭趣一揆景純挺拔而俊宋初文詠體有因革莊老告退而山方滋儷采百字之偶爭價一句之奇情必極貌以寫物辭必窮力而近新此近世之所競也　同

又曰李白杜甫陶淵明皆有志於吾道　陸九淵

刺曰稱詩不可以杜甫爲冠此議甚繆甚明

舉曰李白應爲唐詩之首方前代或及不及過之

說曰甚矣俗之不明不公而好黨也甫與唐室諸子一倫耳安得儷以前之哲匠況掩而擅之耶就其輩言之亦有越之齊之不至之者與李竝立昉於韓愈（時亦尚有同者）遺李獨推乃自元稹初非篤論寧愜羣悰迨至宋人昧眼操思曲詞强諂轉入鄙陋若侏儒從齊景以弄曾侯荆人僭王呼以登五伯徵實定名疇其子之奈何來者之不競而隨人共拜賈豎之塵乎以李嬈度婢雙跱爲一室之棟猶恐白隆而甫撓矧欲幷寘長庚孤植飯顆是肓孫

之識爾亦不悟林林之衆何以顛繆如是

演曰余非好遠衆也人不肯以平心觀以天性槩以定志審以實學驗之焉譬諸蠡夫或過公府見其門堂高大便謂極貴不知其中何主者也凡諛杜者不啻千喙姑按其說而察辨之豈不得其情乎以其爲蒼古也非蒼古也村野之蒼古也以爲典雅也非典雅也稚魯之典雅也以爲豪雄也非豪雄麤獷悍戇之豪雄也又以爲百態咸備盡掩昔賢何其狂言至斯與昔賢多有具體而微者然

且冲退堅守每以其最長者爲定形而姿態橫生時自出之烏有若甫之偏墮自用可爲萬羽之鳳兮者乎哉殊塗百慮森森衆妙試諦詮之甫也果何有哉其極推者以爲忠義積發度越諸子是則未議辭體别以理義論也然而忠則信有之矣忠藴於胸臆聲形於頰舌固當若是嘂譁詬懟若捐家委命强驅赴敵之悍卒然耶風雅之中人倫萬變至忠至孝至義至烈百意千情無不有之而夷視其辭大帥淵雅所謂温柔敦厚詩之敎也甫也

詩才獨步千載何獨不能知詩教本旨如是抑知而不能從耶詩當溫而甫厲尚柔而甫猛宜敦而甫訐務厚而甫露乃是最不善詩戾詩之教者何以反推而倒置之與今萬喙交鳴塞窒士聰吾一脣舌又勸於譁訐安能一一舉而辨之亦任情云爾豈無千年楊子吾獨願人平心本性定志厚學以求於是也

又曰甫詩要亦似其祖必簡家風而更不若其純粹耳大畧由其主於龐厲驕獷將攬衆有而一其

㲉中更成外道耳

又曰謂甫字字有出爲高是何等見縱令果爾詩當然乎善用事者古與今會不得已而用之猶惡其露務獵其英華而導以已意運轉含融隱約映帶須緣情旨相契不覺自然取之由其先得之妙不容自異使改口不改胸則將累一句一章之旨故頗及之耳非以能剽竊爲賢也奈何更重於是宋人有天解絶時者亦墮彼見用事塞滿章句人已交愛誠諦思之勝耶劣耶亦當自哂而誤人多

矣其病迄今不除以病爲妍爲杜者至有不讀萬卷書不可讀杜詩者何其欺已欺人不畏明者斥且笑耶甫也之胸臆信如更生茂先伯施等輩耶亦可怪也時有識者亦嘗謂三百篇何所出者此語乃公便當懲之何尚不已

又曰太白才調淸舉漢後羣英駢而銓之與謫僊高居一等不數公耳於唐固當獨步非謂更無及者他士不能體體皆善不能篇篇悉美不能句句字字盡嘉而公能之故應云爾然其古五言亦自

一格仍讓前脩歌行樂府優通六代之善者可謂妙絶律體白既自以束於聲調爲排偶而不多作之鳳臺鶴樓故爲絶唱故不謂都無一人比肩要總歸於萬夫之首矣

又曰人品李巳前見甫雖以忠自命傳亦稱其褊躁傲誕曠放不檢他多及之所謂忠者蓋亦咸其輔頰耳李之風操畧具前條再徵杜事方之其實亦自可見

系曰楊大年宋之儒宗目少陵爲邨夫子歐陽文

忠每教學者先李不必杜又云甫與白得一節耳
天才高放非甫能到也蔡絛與劉攽畧同
又曰李謫仙詩中龍也矯矯焉不受約束則麟鳳
瑞世其用如力牛服箱鄭厚
又曰諸人之文猶山無煙霞春無草樹李白之文
句句動人高耻傳引郡督鄭注蘇詩語
又曰觀子美飲中八仙歌亦好飲者不然焉得醉
中詆嚴武幾至殺身耶王明清
又曰評二家者過多論甫猶不勝舉悉不暇及白

刺曰詩死於宋

説曰詩之美善盡於昔人止乎唐矣初宋數子仍是唐餘自嵬坡鬼谷姿負崕峻乃不從善强别作態自擅爲家後進靡然從之迄其代而不返雖有一二自振河决千里支流涔注安能廻之其失大抵氣置温柔敦厚之懿而過務抑揚辭謝和平麗則之典而顚爲詰激梗隔生硬矜持跛扈廻駕王塗竝驅霸域正與詩法背戾而彼且自任宗門斯實人間詩道之一變也有如詩書二經皆元聖作

迷而其體自殊三百篇者不著忠孝清貞等語而所蓄甚至所勸懲者轉深與百篇謨誥本體不同乃爾故曰詩忌議論而宋特以議論爲高大率以牙驅評較爲儒囂訟譁訐爲典聡耀怒罵爲詠歌此宋人態也故於詩而并具之

演曰由變故以來凡其自謂獨尊杜而痛法之者正是其失執而不回且亦未嘗果皆甫也向令舍杜而他從如太白等輩雖不能及猶唐遺韻也學杜而劣因成斯狀諸醜遂呈不可觀已蓋詩自唐

後大厄於宋始變終壞廻視赧顔雖前所論文變於宋而亦不若詩之甚也可謂三百之後千年詩道至此而滅亡矣故以爲死

又曰宋人有一種言語所謂詩話者惡而且繁就中名公數端如涑水公父一二之外譸張爲幻爲叙説評隲及倣杜者總可收拾千編付之一炬

又曰論者又或以宋可竝唐至有謂過唐者如劉因方回元好問輩不一及後來暗陋吠聲附和之徒皆村學嬰童肆恣狂語無足深究

系曰章茂深者葉石林甥也從小學西江詩石林每見必顰蹙曰何用學此死聲活氣此言蓋眞有味也吳華

世廉謹輯

祝子罪知録卷十

吴　祝允明希哲纂

王世貞元美校

豫章　祝耀祖述之閲

刺曰神鬼怪妖世必有實理常事云無者不知何疑乃是迷妄

説曰靡哉紛紛乎久矣哉疑有無而無决者今之言鬼神者耶噫其甚矣世之物不有則無非無即有安得而兩存或有或無者非無也既有安得復

無也人之以爲或有者見也爲無者不見也爲或有或無者或見或不見也爲有爲無爲見爲不見焉爾矣以見而云其有不見乃謂之無或見或不見乃云或有或無是何眯眯矇矇其甚也歟凡人語神鬼妖怪謂或有或無者殆將通智愚古今而然焉其以爲有者君子少而小人多此君子小人以位及知識明暗言非謂德行賢惡爲無者小人少而君子多噫其皆弗思焉矣今試卽一隅借天爲喻日星霜雨風霆虹電有歟無歟則皆謂有矣日月之行也晝夜代爲

隱見于是宵不見日遂云無日午不睹月因曰無月則可耶風雨露霜虹霓之隱見也不常雷電之隱見也以時當其不見也遂從而無之可耶夫天地人物何莫不然今夫穹天之神后地之祇靈人之變遊寬揚氣雄騰爲神顯伏爲鬼寧有之耶故鬼神惟有而無無今人所謂有無者見不見而已矣謂見不見可也因以言無不可也是惟本有而又何必以有標之乎然而當其見也有著有馮著如神鬼見形馮如馮人物若丹朱馮房后等覿之而可畏辟之而不能至

生人殺命（生人如房后生穆王，殺命多不可勝舉）夫如是則焉得而無諸及其不見也顧瞻之而目窅擬摶之而手空又焉得而有之斯其所以隱見無恒而昧者或有之或無之或亦有亦無無二而言之者也然而寧果無耶見不見異耳信有而非無也遠夫人間百怪千妖莫不皆然山石川淵草木花竹羽毛鱗介豸蟲蜎蠉宮室舟車衣裳器皿土偶木俑遺精漂血無不有之與妖作孽善淫熹禍雄騰而神弱伏而鬼亦若人然如是妖怪鬼魅之屬亦鬼神也（此等古今

見聞繁極毛沙而其爲有無也亦見不見而不常尤不可盡舉
爾當其見不能無之不見不能有之而昧者之所
以或有之或無之或亦有亦無而二之者也是故
天地人物悉是鬼神無一無鬼神鬼神有隱見人
於鬼神有見不見而鬼神獨有而無無有無之分
也有無也故有有無無無也何有之有乎如是始
從世人言之所以君子多謂無者非其盡理而真
識其所以無也一根于淺資暗性之泥二狃于癡
螭坎蠱之察三惑于鄙儒陋學之談是瞽贖而已

矣所謂小人多爲有者亦非知義而信其所以有也得于身觸眼擊口答耳聆之實接出於家人族姻耆朋信侣之親經是實錄而已矣而君子之云有者誠之不可揜也小人之云無者妄而無稽者也鄙者之幼也天予神授本性所識識其有而已矣猶衣服飲食語默夢寐明焉安之求其疑而不可得也其中也羣言奪聰叢狀亂明乃始貳之亦不甚久知爲盲相之導塗他不自認牽吾并迷也後乃朗然發矇天日爍爍聞人故惑異且閔之抑

猶虞其本非反覆檢尋研察累時必欲窮討鬼神之無處而竟弗能得于是誠不解人之所以疑者果何所見又何所據復何所左驗何所師承爾歟得之天性乎物理乎聖訓乎神鬼僞虛敗露如何歟嘗試問彼不信而爾無者所答大率濶畧汗漫不能有所諦論確說鑑照刃解令吾無復辭也吁亦異哉爲術爲道至于斯乎且鬼神怪妖所以的有必無疑吾所執云爾者義果何也曰天地萬物可以理推不可以理推必兼之皆然而鬼神尤也

故欲無鬼之疑可一言而蔽也曰本與人物同也其爲同也奈何又可一言而蔽也曰氣爾曰氣奈何曰萬有有于氣氣有陰陽有也者非生存之謂也有以生之有以死之有氣斯有生有生斯有死並有于氣者也陰陽也者非二一其氣之謂也其共也者用動曰陽體靜曰陰其專也者信曰陽詘曰陰一而二二而一者也其爲物也神識噓吸氣之陽陽曰魂魂曰神質形精爽氣之陰陰曰魄魄曰鬼其在天地也明之爲魂魄幽之爲鬼神其在人

物也生之爲魂魄死之爲鬼神故陰陽者一實而分名合功而殊狀陽復有陰陽陰復有陰陽焉神復有鬼神鬼復有鬼神焉故曰一而二二而一離而不離不離而離者也夫氣之爲萬有也天地人物大都四歸無一不然姑本人以言之其爲生也神識噓吸魂人也魄宮也舟車也是故魂魄聚陰陽合神鬼奏人居宮御舟車而爲生焉此亦假宮車方之耳人宮車各而魂魄實則一也即易所謂精氣爲物者也其爲死也質形斃而精爽微微而亦泯噓吸竭而神識留

留久而亦亡是故寃鬼解陰陽分神鬼判宅燬而人徙舟車壞而人徙而爲死焉然而其爲解也分也判也非亡失焉也質形斃矣而精爽微無所依焉神固不滅也于是乎神猶有事觸焉者將宣而無口則憑依而言之或自能言之憑依者或憑依乎他精爽焉謂他人或憑依乎殊類者焉謂百物或憑依乎所值之人之寃夢焉或無所憑依而爲之焉即自能則不必其昔鬼之口而有言矣至于視聽歌笑哭哂臭味執提擊摶奔走交媾諸動作者莫不

皆然此即所謂游竟爲變者也是可推于理者然也天地人物莫不皆然故霄宇日月風雲雨露霜雷星雹煙霞霓霧爲天之物土壤山石谷谿川海城隍爲地之物男女牝牡耳目口鼻手足百體骨肉血液毛爪爲人之物草木火金羽毛鱗甲室廬舟車器具萬品爲物之物天之物之照臨次播濡潤鼓發生殺爲天之鬼地之物之凝峙流瀉激盪衛藏險阻爲地之鬼人之物之視聽言食笑哭拊棲持搏行立嗅味交媾動盪爲人之鬼物之物之

榮謝炎熄飛馳泳躍蔭覆乘御百供千用爲物之鬼天之鬼之所以使之也者爲天之神地之鬼之所以使之也者爲地之神人之鬼之所以使之也者爲人之神物之鬼之所以使之也者爲物之神此所謂推于理者其類然也然而不必然也有異者焉存乎此之外焉則所謂不可推于理者也說具在後

故萬有皆氣氣皆陰陽陰陽皆鬼神爲陰者靜立爲陽者動行靜立乃鬼鬼以神使之用動行乃神神乃鬼爲之用目鬼觸色而用視神令鬼視鬼

欲視得神命視耳鬼觸響而用聽神令鬼聽鬼欲聽得神命聽口鬼之觸言也舌鬼之觸噉也百骸之觸其用也一乎是故鬼必臣神神必君鬼鬼必藉神神必藉鬼鬼不期神神不期鬼自然而協用故鬼神離而不離不離而離此其生者然也鬼神之本也本之情狀也及其死也語不以口以不口之口扶不以手以不手之手諸體皆然何也不口之口口于神自語口鬼弊而語神存也不手之手手于神自扶手鬼腐而扶神在也諸體皆然于是

則神兼鬼而有之或鬼猶在而神故用或鬼已泯而神他憑此其死者然也鬼神之變也變之情狀也故魄生以寄魂魂令而魄從魄死而魂留魂變以自魄故鬼神必有本有變有本有變故有顯有隱本者恒顯者也變者或顯或隱者也然而變亦本惟恒不恒見不見而顧異之爾非也故人之魂魄今日顯行者其生時之鬼神也人之鬼神異日怪變者其死時之魂魄也一也然而天地以生殺爲魂魄而禍福者爲鬼神人物以生行者爲魂魄

而死變者爲鬼神此少異焉然而以理齊而推之
人生則不鬼不神死始形焉天地其亦然乎天地
之爲物也大而久其死也至緩故人不及知乎觀
夫鴻荒氣化之際未絶地通天之辰人物恠魅錯
溷揉雜亦可得矣故鬼神有隱有見而人于鬼神
有見不見鬼神之本之見也多而變之見也少故
因是或謂其多者爲常少者爲變而不知是惟少
爾隱爾實皆常也凡事物本有變而不能無者皆
常也以人見恒暫而稱其常變亦贅也此其小也

昧也於是于其恒見也者謂爲常也而稱爲有于其暫見也者謂爲變也而遂至稱爲無于是疑焉惕焉極乃駭焉而果非惑耶而果非謬耶妄耶故三光燭乎晝者或爍夕炳于夜者或煜日霜殄也雷驚也或非殺之候輒降結露當收之辰忽震百里此天之鬼神暫而見者在爾所知適所謂變所謂無所爲疑惕駭焉也者猶以其暫之不甚曠也而固弗謂變弗謂無弗謂疑駭惕焉于地亦然何獨至人物而異之而變之而無之而大疑至惕極駭之

非窮惑鉅謬絶妄者乎哉故余觀乎今之爲辨也言能高入天曆之玄細侵蟲沙之形而特于鬼神變怪之端則瞢焉爲之暫言之則斥實徵之則疑徵之甚則駭或躬逢之則畏怖奔絶蓋衆人氣弱膽細恒態余初臨之且不知其何緣而謂之無至不可擯又何緣而駭而怖益不得其所由久而求之知其出資識搜聞之三者如前所云瞽瞶云爾其要唯不知不信萬物有可理推有不可理推必兼而成物故膠而無解也今鬼神滿世妖物怪事

日日在在而有之每遇集聚試一叩問座間目擊身接耳傳者十必七八昭審不可掩則又何必强生辯難大抵宇宙間之物旣其出元氣根陰陽本造化確實有者則焉得而亡之焉能以人之曲見規測而强無之亦焉用無之也孔子之不語方在教人及行道匡世何暇爲政遑此語之固亡害而非教化治世所須也故默焉爾昧者見其不語卽謂無之然則力亂亦世所無耶禹之鑄象則亦恐人逢知之令備避可已怪神爲教如是足矣孔固

無若孝弟禮樂文行忠信之教之不可已也吾固不解今之欲無之者以何益也夫神鬼萬有偕也古者稱天神號地祇命人鬼亦大校舉類而言之天匪不陰多偏陽也故神之地匪不陽饒偏陰也故祇之入陰陽平天地參者也然而寄類于丕附乎地親下者也故因鬼之其實神鬼皆有之雄騰而神黷伏而鬼皆能爲之然饒陰故閒亦爲神而無不爲鬼鬼衆而人少焉（古今以人作神者可徵有限爲鬼則無智愚皆是）故鬼與神亦不大辨亦不可辨不須辨也（舊論以神

爲明祇主示鬼爲歸往爲辨者亦不必執泥朱子亦云周禮所謂天神地示人鬼名雖有三樣其實只一般爾或疑天地物之爲鬼神也皆用人形焉夫神既爲神識能自動用游變而不恒其與人物接也則或爲本形如鵝鬼之類或爲人形又惡乎不可而疑者必謂當爲本形不得爲人形耶今爲本形以變固有之不疑如日逐電繞吞卵交狗之類爲人形則疑何也如宋儒謂山川等神不當塑人形亦求之過甚也假令木主亦何遠于人形天日風雲之類又何有木之形不過假象以寓人爾如稱風雲本名必有字畫形象音聲此字狀音聲又何與于本物如是則用人形亦何不可又況神之天曰帝風伯雨師之類皆人之稱也古人何不盡稱天若風雲等名

而必加之人號乎大率後儒過於拘密局執瑣屑至此若作者之聖斷不如此又或疑乎宮廬衣裳器車之屬非有血氣不宜從鬼而有之此亦由前之見而加細之亦繆也如王充阮修等所論不及具述夫物有精粗自精爲粗者易自粗爲精者難神鬼者若其氣本昏鈍么眇則不能顯矣其能爲變者必其精過靈者也其變能爲人形乃不能爲物耶能精不能粗耶且形而上之謂道形而下之謂器一陰一陽之謂道形以陰陽而有亦道所爲也道能爲形豈不能爲器乎形器皆道所爲聖獨謂形

之上名爲道下名爲器焉耳今夫木攻而成器器本是木木非氣生乎其爲器以工之攻而異狀于本輪梓之巧神顧不能于肉毛之工人者歟舉一反三又無疑也抑此猶悉以理推之舉類而云爾也至于不可理推者與理推偕行萬有盡然而特未能察耳奚貳焉凡今之局士謂無鬼神者必託宗聖賢且人之至者莫若局孔聖言之極者無如六經格印今亦無必關涉二氏（謂佛老子）權量千子收羅百傳穰穰爲也聖謨洋洋焉切著要語簡而指

潤說微而道深有以并包衆理豫破羣疑者昭昭汗青彼習而不察爾今故以如前素見之匪石者執殳于先驅乃錄聖賢之如天者陳車于南指凡六籍所及取其切者比而隨之善乎韓嬰公之詩其言鬼曰人死肉歸于土血歸于水骨歸于石魂氣升于天其陰氣薄然獨存無所依也故純陰底滯之氣着人爲害斯言最切而明矣至如程張朱氏近儒之所發越百慮同歸皆存籍中可以參互校索而甚古今耳目簡編眞聞實覩粲爛宇宙不

可擯者浩敞煙海故難畢述用擇其說與疑者相反背者各立其類簡一二端繫疏其目于演文中令可据兩于演造而對證以破疑而解結焉如是反覆審的覽之而猶弗聰聾瞭眊焉者吾未如之何也已矣夫子曰精氣爲物游魂爲變是故知鬼神之情狀又曰氣也者神之盛也魄也者鬼之盛也合鬼與神教之至也鄭玄曰氣謂噓吸出入者也耳目之聰明爲魄合鬼神而祭之聖人之教致之也孔穎達曰氣在口噓吸出入此氣之體無性識也但性識因此氣而生有氣則有識識從氣生性則神出入也故人之精靈謂之神魄體也若夫耳目形體不得爲聰明故

曰耳目聰明爲魄人之死神與形體分散各別聖人以生存之時形神和合今雖身死聚合鬼神似若生人而祭之是聖人設教以致之令其如此也衆生必死死必歸土此之謂鬼骨肉斃于下陰爲野土鄭曰陰讀爲蔭言依蔭也其氣發揚于上爲昭明焄蒿悽愴此百物之精也神之著也鄭曰上言衆生此言百物明與人同子產曰人生始化曰魄既生魄陽曰魂用物精多則魂魄强是以有精爽至于神明匹夫匹婦强死其魂魄猶能馮依于人以爲淫厲況用物弘取精多所馮厚而强死能爲鬼不亦宜乎杜預曰魄形也陽神氣也强死不病也人謂匹夫匹婦賤身也孔頴達曰此將

說淫厲故遠本其初人生始變化爲形形之靈者名之曰魂也魂魄神靈之名本從形氣而有附形之靈爲魄附氣之神爲魂附形之靈者謂初生之時耳目心識手足運動啼呼爲聲此則魄之靈也附氣之神者謂精神情識漸有所知此則附氣之神也是魄在于前魂在于後故云既生魄陽曰魂人之生也魄盛魂强及其死也形消氣滅聖王以存亡既異別爲作名改生之魂曰神改生之魄曰鬼鬼有權勢則奉養厚魂魄强斯三端者所謂如天之指南也篤要切著語簡而指濶說微而道深并包衆理豫破羣疑足以探鬼神之賾開萬古之心定終天之議後人不能學聚問辨而寛居之不得于辭泥求其意豈聖尚爲不語哉所謂六編所及者如周公曰

以旦代其之身旦多才多藝能事鬼神載鬼一車若爾三王是有丕子之責于天祀大神享大鬼祭大示變六變天神皆降八變地祇皆出九變人鬼可得而禮孔子曰鬼神之爲德其盛矣乎視之而弗見聽之而弗聞體物而不可遺使天下之人齋明盛服以承祭祀洋洋乎如在其上如在其左右宗廟致敬鬼神著矣爲之宗廟以鬼享之菲飲食而致孝乎鬼神與鬼神合其吉凶鬼神害盈而福謙人謀鬼謀非其鬼而祭之諂也未能事人焉能

事鬼敬鬼神而遠之曾謂泰山不如林放乎舜曰鬼神其依湯曰敢昭告于上天神后簡在上帝之心伊尹曰山川鬼神亦莫不寧惟上帝不常作善降之百祥不善降之百殃以承上下神祇社稷宗廟鬼神無常享享于克誠盤庚曰茲予大享于先王爾祖其從與享之乃祖乃父丕乃告我高后箕子曰帝乃震怒不畀洪範九疇武王曰上帝弗順祝降時喪惟爾有神尚克相予成王曰上帝時歆帝休天乃大命文王詩曰天命玄鳥旣而生商履

帝武敏歆攸介攸止載震載夙文王陟降在帝左右帝謂文王俔天之妹禮曰山林川谷丘陵能出雲爲風雨見怪物皆曰神魂氣歸于天形魄歸于地萬物死皆曰折人死曰鬼以嘉魂魄是謂合莫去墠曰鬼去壇爲鬼去王考曰鬼死曰鬼左氏傳曰齊襄公見大豕從者曰公子彭生也公怒射之豕人立而啼又内虵與外虵鬭于鄭南門中内虵死又有神降于莘史過曰國之將興明神降之鑒其德也將亡神又降之觀其惡也又神居莘號

公使祝應宗區史嚚享焉神賜之土田又衛成公遷于帝丘夢康叔曰相奪予享又楚子玉先戰夢河神曰畀余瓊弁玉纓余賜女孟諸之麋弗致而敗又震夷伯之廟罪之也于是展氏有隱慝焉又晉文公將殯柩有聲如牛又楚成王縊謚之曰靈不瞑曰成乃瞑又魯夏父弗忌爲宗伯尊僖公且明見曰吾見新鬼大故鬼小又魯有蛇自泉宮出入于國如先君之數又楚子文曰鬼猶求食若敖氏之鬼不其餒而又魏顆見老人結草以亢杜回

冋躓獲之夜夢人曰余而所嫁婦人之父也爾用
先人之治命余是以報又趙嬰齊夢天使謂已祭
余余福女又晉侯夢大厲被髮及地搏膺而踊曰
殺余孫不義余得請于帝矣壞大門及寢門而入
公懼入于室又壞户乃病卒又或叫于宋大廟曰
譆譆出出鳥鳴于亳社如曰譆譆甲午大災又晉
侯有疾韓宣子問鄭子產曰君夢黄熊入于寢門
其何厲鬼也對曰堯殛鯀于羽山其神化爲黄熊
以入于羽淵實爲夏郊三代祀之晉爲盟主或未

之祀乎韓子祀夏郊晋侯有間又鄭人相驚以伯有曰伯有至矣則皆走不知所往或夢伯有介而行曰王子余將殺帶也明年壬寅余又將殺段也及王子駟帶卒國人益懼壬寅公孫段卒國人愈懼其明年子產立良止以撫之乃止子太叔問其故子產曰鬼有所歸乃不爲厲吾爲之歸也及子產適晋趙景子問曰伯有猶能爲鬼乎子產曰能人生始化曰魄既生魄陽曰魂用物精多則魂魄强是以有精爽至于神明匹夫匹婦强死其魂魄

猶能馮依于人以爲淫厲况良霄穆公之冑子良之孫子耳之子敝邑之卿從政三世其用物也弘矣其取精也多矣其族又大所馮厚矣而强死能爲鬼不亦宜乎又石言于晉晉侯問師曠曰石何故言曰石不能言或馮焉杜曰謂有精神馮依石而言又周詹伯曰先王居檮杌于四裔以禦魑魅又楚昭王有疾卜曰河爲祟國語曰神降于莘内史過對惠王曰或鬼神以興亦或以亡昔夏之興也融降于崇山韋昭曰祝融其亡也回祿信于聆隧韋曰火神商之興也

檮杌次于丕山（韋曰鯀也）其亡也夷羊在牧（韋曰神獸）周之興也鸑鷟鳴于岐山其亡也杜伯射王于鄗（韋曰周春秋曰宣王殺杜伯而亡辜後三年王會諸侯于圃日中杜伯起于道左衣朱衣朱冠操朱弓朱矢射宣王中心折脊未幾死焉）王曰今是何神也對曰昔昭王娶于房曰房后實有爽德協于丹朱（韋曰協合也）丹朱馮身以儀之生穆王焉（韋曰馮依也儀匹也言房后之行有似丹朱丹朱馮依其身而匹偶以生穆王）夫神壹不遠徙遷焉由是觀之其丹朱乎又單襄公曰晉成公之生也其母夢神規其臀以墨曰使有晉國三而畀驩之孫故名之曰黑臀又

季桓子穿井獲如土缶其中有羊焉韋曰生羊使問之仲尼曰吾穿井而獲狗何也獲羊言狗者以孔子博物測之也對曰以丘之所聞羊也丘聞之木石之怪曰夔蝄蜽韋曰夔爲山繅人面猴身能言獨足蝄蜽山精也水之怪曰龍罔象韋曰罔象食人土之怪曰羵羊韋曰唐云羵羊雌雄不成者又周史伯曰褒人之神化爲二龍以同于王而言曰余褒之二君也夏后請其漦而藏之龍亡而漦在櫝傳郊之及殷周莫之發也及厲王發之漦流于庭不可除王使婦人不幃而譟之韋曰裳正幅曰帷化爲玄黿入于王

府（韋曰：龜或爲蚖，蚖即蜥蜴也。）府之童妾未既齔而遭之（韋曰：女七歲毀齒將盡也。）既笄而孕（韋曰：女十五而笄。）不夫而育，懼而棄之，是爲褒姒。又觀射父曰：古者民神不雜，民之精爽不携貳，而又多能者，明神降之，在男曰覡，在女曰巫云云。九黎亂德，民神雜糅，不可方物，神狎民則，不蠲其爲云云。顓頊命重黎各屬神明，是謂絕地通天。凡此六編所及，故歷尋聖典，曷有無鬼無神之詞哉？傳師疏義，謹守承傳，學者迄無異辭。千數年來，正人文士、英才傑客幾百千人，未之變也。中惟阮瞻等一二輩立異迨宋之儒每事務反前闢壁標墻闖然亦惟程氏張氏頗言無鬼要其詁言猶近兩可朱氏則反覆古訓獨爲通明而自不害于正然而程既無鬼至稱其家毋氏之事則復云鬼熱故揮扇又云鬼欲打鼓以槌與之朱雖不能決謂之無亦且言有而亦不爲明白斥言無者之狀又引溫公朽滅飄散無有不足信之説以導童蒙及答所問李云汚醮之事徒謂設醮之無理而固不能道李三之無有則與所稱司馬之言悖二公

于此皆身自矛盾且奈何哉至于解鬼神者旣云造化之迹無形與聲乃又云雨風露雷日月晝夜此鬼神之迹也然則日月雨露果無形風雷果無聲乎何其兩説之果于自異也蓋夫子所謂不見不聞政謂天地人物之神與鬼人視聽之不可見聞耳非謂其本無形與聲也則其言亦安得而不自貳哉故朱子雖主張無世俗之鬼神而固不敢斷乎爲不易之確論亦□兩可耳特所述司馬之言極爲死殺司馬公本不□妄語然人之窮理信道安

得盡同溫公于此所見偶爾遂執而言之與朱子皆不害其賢然實爲今日口耳之學未嘗博聚愼思明辨而漫然稱無之所自歟吾故謂彼非盡理而眞識其所以無豈不然乎令彼苟援司馬朱之述以自重自固吾則復請姑置斯評第但爲舉古今神鬼怪妖切近之事不容徒泥于無之一言者而研扣之必欲其明以告我勿爲首鼠則彼必至結氣喫舌窮塞遷遁讕語枝梧終歸不了卽如程子亦曰今日雜信鬼怪異說只是不先燭理若于

祝子罪知録　卷十　

事上一一理會則有甚盡期只于學上理會嗚呼爲學正欲求窮理以應事如徒務講談而與事背馳不能決定焉用學爲哉今人未嘗備讀聖人之經閱歷世之史幼事科舉則便獵涉宋儒之書抑又不參究其指歸略執數端便爲終身定論高談無鬼無神或見昔人志怪語神之書則一切不問而斥之至聞細人陳述實見實聞乃瞠乎莫能措辨一詞漫爲大言欺人自欺嘻六經且未徧讀況求其義理辨其是非而不繆乎亦可歎可笑可哀

也已吾獨又惜之寡學而弗辯苟信而妄從聵實而徇聲誠足閔也聊復云爾無與于已事無諛于幽冥無利于自用亦將就有道而正焉

系曰或問程子鬼神有無程子曰爲爾言無則聖人有是言矣言有爾將不于吾言求之乎

又曰有聲則須是口既觸則須是身其質既壞又安得有此乃知無此理便不可信 同

又曰嘗聞好談鬼神者皆所未曾聞見只是聞人說燭理未明便傳以爲信也假使實所聞見亦未

足信或是心病或是目病 遁辭知其所窮

又曰人心在此託夢在彼亦有此理只是心之感通也 同

又曰世間有鬼神馮依之語者蓋屢見之未可全不信此亦有理莫見乎隱莫顯乎微而已 同

又曰神與氣未嘗相離不以生存不以死亡 同

又曰或問易言知鬼神之情狀鬼神果有情狀否曰有之曰既有情狀必有鬼神矣曰易說鬼神便是造化也又曰如名山大川能興雲致雨何也曰

氣之蒸成耳又問既有祭則莫須有神否曰有氣這便是神也同

又曰范與之言神姦物怪其難之謂今言鬼者不可見其形或云有見者且不定一難信又以無形而移變有形之物此不可以理推二難信又天地雷霆草木人莫能爲之人之能治舟車天地亦莫能爲之今鬼神無形則如天地動作已不異于人豈謂人死之鬼反能兼天人之能乎張

又曰今世之人信實亦未嘗有言親見者同

又曰所謂山川等神與郊社等神有以異乎易謂天且不違況于鬼神乎仲尼以何道而異者稱耶又謂遊魂爲變魂果何物其遊也情狀何如試求之使無難然後可以拒怪神之說知二者之歸此學素所援據以質成者論者不可不察以自袪其疑耳同

又曰天下之氣遠近異像愈遠則愈異至如人形有異曾何足論如史冊有鬼國狗國百種怪異固亦有之要之這個理則一般其必異者譬如海中

之蟲魚鳥獸不啻百千萬億卒無有同于陸上之物也程

又曰二程初不說無鬼神但無而今世俗所謂鬼神耳朱

又曰問鬼神便只是此氣否曰又是這氣裏面神靈相似

又曰問先生前日說日爲神夜爲鬼所以鬼夜出如何曰固有然者亦未必皆然同

又曰雨風露雷日月晝夜此鬼神之迹也此是白

日公平正直之鬼神非所謂有嘯于梁觸于胷此則所謂不正邪暗或有或無或去或來或聚或散者又有所謂禱之而應祈之而格此亦所謂鬼神同一理者也同

又曰鬼神死生之理定不如世俗所見然又有其事昭昭不可以理推者此等處且莫要理會同遁辭

又曰問理有明未盡處如何得意誠且如鬼神事今是有是無張仲隆曾至金沙堤見巨人迹此是如何世謂冊子說有人傳說似不可信須是親見

某平昔見冊子上有人説得滿頭滿耳只是都不曾自見曰只是不曾見畢竟其理如何張南軒亦只是硬不信有時戲説一二如禹鼎鑄魑魅魍魎之屬便是有這物深山大澤是彼所居處人往占之豈不爲祟 同

又曰人死雖終歸于散然亦未便散盡如伯有爲厲伊川謂別是一理蓋其人氣未當盡而强死自是能爲厲子產爲之立後使有所歸遂不爲厲亦可謂知鬼神之情狀矣問伊川言鬼神造化之迹

此豈亦造化之迹乎曰皆是也若論正理則似樹上忽生出花葉此便是造化之迹又如空中忽然有雷霆風雨皆是也但人所常見故不之怪忽聞鬼嘯鬼火之屬則便以爲怪不知此亦造化之迹但不是正理故爲怪異如家語云山之怪曰夔魍魎水之怪曰龍罔象土之怪曰墳羊皆是氣之雜揉乖戾所生亦非理之所無也專以爲無則不可如冬寒夏熱此理之正也有時忽然夏寒冬熱豈可謂無此理但既非理之常便謂之怪孔子所以

不語學者亦未須理會也同
又曰人病而終盡則其氣散矣或遭刑或忽然而死者氣猶聚而未散然亦終于一散銜寃憤者亦然故其氣皆不散同
又曰問遊寃爲變聖愚皆一否曰然同
又曰消散亦有久速之異人有不伏其死者所以既死而此氣不散爲妖爲怪如人之凶死及僧道既死而不散同
又曰鬼是一點精氣氣交時便有這神寃是發揚

出來底如氣之出入息魄是如水人之視猶明聽猶聰心能強記底有這魄便有這神不是外面入來魄是精魂是氣魄主靜魂主動 同

又曰見于目而明耳而聰者是魄之用 同

又曰無魂則魄不得以自存 同

又曰凡能運用作爲皆魂也魄則不能人所以能運動都是魂使之耳魂若去魄則不能也 同

又曰問先生嘗言體魄[illegible]二物然則魂氣亦爲兩物耶曰將魂氣推之亦有精粗但其爲精粗也甚

微非若體鬼之懸殊耳　同

又曰死而氣散泯然無迹者是其常道理恁地有託生者是偶然聚得氣不散又怎生去湊着那生氣便再生然非其常也　同

又曰問遊魂爲變間有爲妖孽者是如何得未散曰游是漸漸散若是爲妖孽者多是不得其死其氣未散故鬱結而成妖孽　同

又曰問祭義曰氣曰精曰昭明又似有物矣既只是理則安得有所謂氣與昭明者哉及禮運則曰

以嘉冤鬼是謂合莫合莫無也上通無莫此又似與祭義不合曰如子所論是無鬼神也鬼神固是以理言然亦不可謂無氣所以先王祭祀或以燔燎或以鬱鬯以其有氣故以類求之爾

又曰問既曰往爲鬼何故謂祖考來格曰此以感而言所謂來格亦略有些神的意思以我之精神感彼之精神祭祀之禮全是如此 同

又曰世間道理有正常易見者又有變化無常不可窺測者如此方看得這個道理活又如云文王

陟降在帝左右如今若說文王眞個在上帝之左右眞個有個上帝如世間所塑之像固不可然聖人如此說便是有個道理同

又曰問相奪予享事如何謂別是一理否曰他夢如此不知是如何同

又曰問祭天地山川而用牲幣酒醴者只是表吾心之誠耶抑眞有氣來格也曰若道無物來享時祭甚底肅然在上令人奉承敬畏是甚物若道眞有雲車擁從而來又誕妄同

又曰萇弘死三年而化爲碧此所謂鬼也同

又曰道理合如此便有此氣如衛侯夢康叔云云

又晉侯夢熊云云亦是此類氣未嘗亡也同

又曰理會不得底主推向一邊待日用常行處理會得透則鬼神將自見得同

右述程朱之說朱固不謂無鬼神程張有異斯亦當參求決擇之耳

又曰子不語怪力亂神只是不語非謂無也若力與亂分明是有神怪豈獨無之人以雙瞳之微所

矚甚遠亦怪矣苟不明道則一身之間無非怪但玩而不察耳陸九淵

演曰余爲罪知因言怪神慨然及乎萬有嘻人世事物孰嘗不用理以窮致之者歟然而士知夫無物無理而不知夫物有不可以理求者亦無物無之矣物與事可通稱以後隨文稱或事或物其義並同無物無理無無物無無理也士獨知無無理之物不知固有無理之物是其所以心塞也今人執物尋理得之則知之行之是矣或以理求物尋之而不合導之而不通反

覆之而無獲于是無以裁之定之則一切强謂之
無謂之無而物事竟不無也則進退失依牽蔓不
决遂姑息委之不復思辨斯今之儒與異端所以
紛紛也此言異端言非今儒士所守別作一端如今人所謂楊墨佛老是也夫如是
既謂異端非而儒又自不能裁治則世果有不明
之物不了之事不得之知者耶嗚呼局陋之士特
諱無理二言云爾諱而有以裁之善已由不能裁
之也而遂諱之而不言之不思之辨之可耶嗚呼
是誠不知斯世可以理推者物也不可以理推者

亦物也可以理推理也不可以理推亦理也何也氣生而理隨則物焉得而無理氣錯而理繆則物焉得而皆理斯卽理也理不理自如人自昧爾凡爲治身治世之聖至于羲炎軒堯舜禹周孔而極回賜亞之止矣爲見性了覺之聖至于迦文而極觀音等亞之止矣苟無爲之至于伯陽而極列莊亞之止矣凡玆數聖則何有不決之物者乎二氏于無理之事固已饒言之矣孔則未始云無也但不語耳謂無用于教也至如不可不言則亦固言

之若前所説六經所乆者是其不語也是三氏舉
未嘗以無理之物爲無也如使求之三宗猶有不
決之談疑于鬼神怪从之際則數聖人者不得謂
之聖人也又惡能行之宇宙曠初終而不遷也乎
今爲二三家徒者安其所傳坦蕩不惑柰之何獨爲
孔者忽自異孔創而爲斯鑒也哉嗟乎蓋世之爲
善人君子賢者且易而圓機難矣圓機者古人稱
之三教之舟車也邵堯夫每歎想其人嗚呼由羲
炎而下迦文而下伯陽而下斯所謂圓機者乎異

乎爲孔者不善學以自蔽無隱無言無適無莫無意無必無固無我無可無不可聖模高懸曾不識其歸旨守其末細而遺其本宗自坐姑息之區投遁逃之域翻受攻詰而莫之申也悲夫予故謂今之爲孔者卽物就事便用理以求之窮微研幾求而得之則守之守之則道之言之行之確乎不囘可也求而不得則亦守之守之則勿言之勿行之可也何也有理而或無理者物之本情也理者行之而無理者置之人御物當然之道也不悟物之

本斯昧道矣知而務狎之斯戮道矣盡所當盡不盡所不當盡如斯以往或有得之之機亦不可幾也今不必以不可推者爲一事不知之耻而反誑稱無以失物理冑天鑑自困于軓杌如是乃眞誠知乃爲善學孔而庶可望于圓機之境也已嗚呼圓機圓機余將疇歸故因放言以及之金蘭同心釆而鑑焉怪神之貳能不穽然而舍諸

又曰自宣父成經以還二千歲中樹言垂文千儒萬士未嘗有一不問津于洙泗其于鬼神則敬而

遠之非其鬼則不祭之神姦物怪則求知之如斯而已遵師訓也曷嘗揜情任口以謂無也謂無者中間三數人可指而按矣王充阮瞻阮修范縝林藴等爾請平論之之數人者知識才學果超表于前後千儒萬士者乎果能闚見聖人之心而獨得其訓授之道矣乎大公不能私也韓愈原鬼異乎彼此而亦掣異于無形無聲無氣之謬聞其言近而未洞若其知及之不疑之而復徤言之者羣編衆紀穰蔚海藪安得盡述諸此因條其事物之異

者畫一而各徵一二端以綴之凡所列目皆今士
所謂無者即無理之事物也其所徵綴皆前聞之
實錄與今士矛盾枘鑿者也參而決之是存乎覽
者

神見類

武王見五神　羅陽神自稱王表 孫權時
晉顧邵見廬山神　陳後主時老子見
唐明王見金天神　宋黑青神

鬼見類

狐突遇申生　阿梁見韋英
嵇康見鬼丈夫　陸雲見王弼
謝靈運見謝晦　鮑生見江淹謝莊
張亢郡君　武后見王后蕭妃
海陵監兵母 幽冥記　伊川父官廨擊鼓揮扇鬼
孫九鼎 夷堅志　朱文公斷龍巖妻殺夫事

元末薛氏子　顧總遇王粲徐幹

南京官舍鬼自遇

鬼報恩類　結草老人報魏顆

鬼報仇類　杜伯射宣王　湯伊尹報齊景公

申生報夷吾　灌夫竇嬰報田蚡

莊子捶趙簡　渾良夫報蔡亭女王忳

唐三庶人報武惠妃　朱泚見段秀實玄价惕收

蘇逢吉見李松

女鬼交生人類　辛道度偶秦王女　雲芳子寃事李茵

柳鵬舉偶五絃妓　江渭逢張麗華孔貴嬪

李維清逢王眞

人變爲女鬼交易　劉道濟　劉生

女鬼交生人骸起死　雲谷雪昭　畢令女

鬼能書　豫章黄衣　瓊王夫人

姚師文

鬼能爲衣　趙子元遇女子

鬼能爲學　李元石從邊孝先

鬼能上表論人　段孝直

鬼市　裴擇之

鬼爲人　高澧　李吉　夷堅志

鬼嘯鬼呼鬼哭　多不勝舉

鬼附人　劉德妙　郎前　房后等皆是

鬼被人執殺之仍有質　泌陽人殺鬼　鬼巴

閻羅王　寇萊公等

收氣袋　光宅坊百姓　淮西將軍

神助福　霍太山陽侯報趙襄子滅智氏

神爲祟　實沉臺駘　白虎秦二世史記

神女偶人　后羿私洛神　楊鏸偶大姑神

少昊顓頊共工諸子　蔣子文　五姓晉書

人爲神　崔浩　柳子厚　李賀

顏回　卜商　袁玘

人死復生

晉殺絳市秦人　漢長沙姓桓人

晉顧畿　梁國女子

劉約　干寶父婢及其兄弟

顧非熊　許澶

祈二吳死錄

任生　李旋

溫泉民　徐玄方女

吳還寃

盧度　韓蘄生

還寃

放生寃　齊推女

托生　蘭玉童　李簡

入冥　吳全素　洪壽

人化星　傅說

目不瞑　荀偃　楚靈王

人無頭而活　淳于番翁

二〇一

術致亡寃　許元長致陸俊妻　韋子見亡妓

人化物　炎帝女化精衛　伯鯀化熊

蜀帝化杜宇　牛哀化虎

封邵化虎　宣寗母化黿

男化女　漢哀帝時豫章人

女化男　魏襄王時女子　文氏女

男子生兒　賣菜男子

非人道生子　庖犧母虹繞　嚳妃夢吞日

卨母吞燕卵　稷母履帝武

劉媼夢神遇　堯母慶都感赤龍

禹母吞薏苡　朱蒙母河伯女日逐

褒姒母龍漦玄黿

補二異錄

無夫而孕　東京牛氏　鴈門媼

娠中兒能語

悟前生　鮑靚　羊祜　唐紹
房琯　盧沂

記三生事　李源　劉三復

長大人　防風氏　盧長狄　唐大漢
秦臨洮十二人　苻堅時新樂人

芻偶爲祟　眞眞　輕紅木偶
紅英木偶　趙慶土偶
葉氏庖婢土偶　唐四娘侍女土偶
晏家燕婆畫

諸怪　鳥獸鱗介草木器皿等怪不勝舉

雜妖　花月妖等不盡舉
夢兆　怪應不可勝舉
鬼詩鬼文　如箕仙箕鬼詩詞等不盡舉
術易人體　扁鵲互易魯公扈趙嬰齊之心
變人爲人禾腿　諸讒術不盡舉
異域怪聞　如尸頭蠻等不盡舉
醫術　如徐秋夫鍼鬼腰等不盡舉
妖術　如郭璞散頭等及世行南法茅法不盡舉
地下別有世界　竹山縣天桂山宫

異物　如火浣布等不可盡舉

又物理有全不可推者不可勝舉畧標二端有少年子入廟愛塑女像及歸每夜夢女來與合已而病篤朱彥脩視知其故令擊碎塑像寻之藥而愈其土女軀中以甁置下部作女陰藏滿中皆子精也此則女之氣爽來耶泥軀既不動精何從而入也抑男之形神往耶病體既不動精何從而去也若泥軀來則決無之矣謂子精往則將踰墻出戶經歷街途空屋而去耶精水液之質非可懸行也其理奈何（事見朱彥脩傳）

又至正丙午夏平江路嘗大雹雨一人家堂中置匱床胡椅圓爐一卓傍鍋一室雹震壁破一孔盞大床椅爐卓皆從此孔入孔與器皆金木實體小大之理奈何　事見草木子

唐顧況作戴氏廣異記序理致深邃併述于此曰予欲觀天人之際變化之理吉凶之源聖有不知神有不測大鈞播氣不滯一方檮杌爲黃熊彭生爲大豕萇弘爲碧舒女爲泉牛哀爲虎黃母爲黿君子爲猿鵠小人爲蟲沙武都婦人化爲男成都男子化爲女

周娥死墓十載却活鼂誅暴市六日而蘇蜀帝之冤
曰杜鵑炎帝之女曰精衛洪荒窅冥莫可紀極古者
青烏之相冢墓白　之窮神姦舜之命夔以和神湯
之問華以語怪音聞魯壁形鏤夏鼎玉牒石記五圖
九籥說者紛然故漢文帝召賈誼問鬼神之事夜半
前席志怪之士劉子政之列仙葛稚川之神仙王子
年之拾遺東方朔之神異張茂先之博物郭子璜之
洞冥顏黃門之稽聖侯君集之精異其中神奧顧君
之眞誥周氏之冥通而異苑搜神山海之經幽冥之

錄襄陽之耆舊楚國之先賢風俗所通歲時所記吳
興陽羨南越西京注引古今亂標淮海裴松之盛弘
之陸道瞻等諸家之說蔓延無窮國朝燕梁四公傳
唐臨冥報記王度古鏡記孔愼之言神怪志趙自勤
定命錄至如李庾成張孝舉之徒互相傳說譙郡戴
君孚幽贖最深爲此書二十卷鏗鏘之韻可輔于神
明矣

舉曰世間小道無不可用直不必泥異術皆實有直
不可爲

説曰小道如相形祿命占卜涓擇風水之類甚衆風水最遠末異術如巫覡變幻燒金之類尤衆燒金最弊害不必泥者其道不交通也不可爲者害理賈禍也

系曰蔡元定與朱文公皆好地理爲人卜葬多敗定吉凶皆不驗後貶道州有贈詩曰掘盡人家好隴丘寃寃欲訴更無由先生若有堯夫術何不先言到道州見瘦竹翁談藪○古今小道異術無益有損事雖多此姑系一端耳

演曰仙非老氏本事其道甚近爲者宗之耳仙道

必有必可學亦何疑但亦異術之雄耳學最難成可成亦不必學畢竟學得長年亦有何用無益于已無益于人

紊曰神仙出沒人間不得為無有但遙遙求遇其人而學之者必妄人也神仙本出于人孰不可為令鄉里善人見不善人且耻與接安有神仙而輕求于妄人者古今言嘗遇仙必天下第一等人顧未必皆授以道然或先喻以禍福使有所避就或付之藥餌令壽考康強方見之也彼自以類求耳

唐人多言顏魯公爲仙復何疑哉葉可蘊〇昔人非仙之說亦多通邕今姑系此一端耳

系曰神仙者所以保性命之眞而游求於其外者也聊以盪意平心同死生之域而無怵惕於胷中然而或者專以爲務則誕欺怪迂之文彌以益多非聖王之所以教也孔子曰索隱行怪後世有述焉吾不爲之矣班固

又曰甲子昧爽殷滅周興咸陽之地秦亡漢隆荀悅

祝子罪知錄卷十　終　曾孫男世廉謹輯

此萬歷原刻本卷數与千頃堂書目合
四庫存目所收止七卷蓋為坊賈翻刻時
所删節非原本矣此書近時罕見十卷
者尤難覯可寶也卷首有王鳴盛印
知曾為西莊光祿所藏尤足為是録
增重

壬子四月初十丁東衡記